JN410586

세상을 보는 두 개의 창

바깥이 안을 키운다

▶ 최장순 유고집

세상을 보는 두 개의 창

바깥에 안을 키운다

이지출판

작가의 말

바깥과 안, 두 개의 시선으로 세상 읽기

작가는 쓰는 사람인 동시에 읽는 사람이다. 어쩌면 쓰기보다 읽는 것이 먼저다. 일상에서도 마찬가지다. 눈을 뜨면 창문을 통해 그날의 날씨를 읽고, 잉크 냄새가 가시지 않은 신문을 읽고, 휴대폰의 메시지를 읽고, TV 화면을 통해 바깥소식을 읽는다. 걸으면서도 도로 표지판을 읽고, 만나는 사람들의 표정을 읽고, 말을 하면서도 상대의 의도를 읽는다. 더욱이 매일 밥을 먹듯 정신적 양식을 채우기 위해 가까이에 책을 두고 틈틈이 읽는다.

책은 타자의 시선으로 세상을 읽어내는 '네모난 창'이다. 디지털 시대에는 컴퓨터의 장방형 검색창이 알고 싶은 욕망을 채워 주는 위력을 발휘하지만, 아직까지는 네모진 종이책만큼은 아니다. 내가 경험하지 못한 세상, 알지 못했던 지식, 생각들…, 온전히 바깥으로 열려 있는 그 창을 통해 우리는 여전히 알고 싶은 욕구를 해결한다.

그들은 어떻게 세상을 읽었는가, 어떻게 표현했는가, 생각의 근원은 무엇인가를 알아내는 일은 매우 매혹적이다. 그래서 네모난 창을 활짝 열고 경이로운 세계로 뛰어들기를 마다하지 않는다. 그리하여 얻어진 것을 작가는 모방하고, 변용하고, 새로운 발상을 통하여 자신만의 세계, 즉 창작에 이른다. 이러한 일련의 과정들은 바깥을 통해 부족한 내 안의 지식의 곳간과 체험해 보지 않은 경험의 곳간을 채우는 것이다.

코로나19 바이러스에 멱살을 잡혀 멈추어 있는 세상, 집 안에 갇혔다. 한 번도 경험해 보지 못한 사태에 공포와 불안에 시달려야 했다. 퇴직자로서 직장에 나갈 일은 없지만, 그래도 무언가 의미 있게 보내야 했다. 책장에 눈길이 갔다. 대충 읽다가 꽂아 두기도 하고 읽다 포기한 책들도 있었다. 먼지를 뒤집어쓴 채 눈길을 기다렸을 책들을 다시 꺼내 읽으면서 행간의 쉼표 위에 자주 앉아 쉬었다. 단 한 줄의 좋은 문장을 만나는 것만으로도 세상을 얻은 듯 위안이 되었다.

머릿속에 모두 담아 둘 능력이 부족한 탓에 마음에 닿는 문장들을 메모했다. 생각을 덧붙여 정리하다 보니 다른 분들과 공유하는 것도 좋을 것 같았다. 그렇게 하여 46편의 짧은 글을 '타인의 시선으로 세상 읽기'로 정리했다. 그리고 2년여 동안 써 놓은 22편의 수필을 묶어 '나의 시선으로 세상 읽기'를 합쳐 책으로 엮었다.

이 책은 크게 2부로 나누었다. 제1부는 독서를 통해 얻어진 세상 읽기이고, 제2부는 내 안의 시선, 말하자면 작은 쪽창으로 바라본 세상 읽기다. 그리고 1부는 내용에 따라 읽기(讀), 쓰기(筆), 생각(思)하기로 구분하였고, 2부는 사물에 빗대어 쓴 글과 소소한 일상의 편린(片鱗)들이다.

우리는 모두 외부 환경의 영향 속에 살아간다. 음식을

통해 육체적 성장을 도모하고, 동시에 학교, 선생, 책, 심지어 자연 등으로부터 정신적 성장을 이루어 왔다. 바깥과 안, 두 개의 시선이 조화롭게 융합될 때 글의 격(格)과 질(質)은 확연히 달라진다. 삶도 마찬가지일 것이다. 그것은 바깥의 선한 영향들이 안을 변화시키기 때문이다. 이럴 때 몸은 글을 통해 배운 것을 실현하는 충실한 도구로 존재한다. 이 책은 그런 의도를 담아 정리한 것이다.

끝으로 좋은 책을 저술해 준 훌륭한 작가들에게 감사한다.

차례

쓰기(筆)

생각(思)

제2부 나의 시선으로 세상 읽기

사물 돌아보기

소소한 삶의 편린들

제1부

타인의 시선으로 세상 읽기

읽기(讀)

읽는다는 것

"책은 학자에게 '생각을 위한 양식(food for thought)입니다. 학자는 무엇을 많이 '아는 사람'이 아니라 여전히 '배우는 사람'입니다. 끊임없이 배우지 않고서는 학자로 살아갈 수 없습니다. 학자는 읽고 쓰고 생각하는 활동으로 살아갑니다."

_ 강영안의 『읽는다는 것』

타자의 연구나 저술은 귀한 선물이다. 다만 그것을 알아보는 이에게만 보이는 것이 특징이다. 그들을 통해 생각을 확장시킬 수 있기에 그것을 발견한 내가 내게 전하는 선물이다. 자신의 지식이나 경험이란 것이 별반 내세울 건

없지만, 어떤 지식 체계나 근거에 비추어 보다 구체적일 수 있기 때문이다.

달리 말하면 내 경험이나 얄팍한 지식이 타자의 연구나 저술을 근거로 보다 확실성에 접근하고, 그로 인하여 구체적인 진리로 향할 수 있기 때문이다. 그러니 앞선 사람들의 글을 통해서 내 작은 경험을 깊고 넓게 확장시킬 기회를 잡을 수밖에.

앞의 글에서 '학자'를 '작가'로 바꾸어 읽어도 좋겠다는 생각을 했다. 오롯이 쓴다는 것에만 열중할 수 없기에 읽기가 그만큼 중요한 작가. "오직 책만이 한 사람을 작가로 만든다. 모든 작가는 독자였다. 작가는 자기가 읽은 책에 대하여 그것을 다시 쓰는 사람이다"라고 한 김영하 소설가의 말은 그러므로 적절하다. 자양분이 없는 생물이 어떻게 성장할 수 있을까. 읽기는 지적 축적뿐만 아니라 간접 체험으로 확대될 때 더욱 풍요로워진다.

눈으로 읽는 것, 귀로 읽는 것, 손으로 읽는 것 등 다양한 읽기를 떠올려 본다. 흔히 읽는다는 것은 눈과 뇌 작용의 협업이지만, 여의치 않을 경우 손과 귀를 빌려 온다. 점자가 그렇고 오디오북이 그렇다. 어쨌든 읽기다.

읽는 것을 위해 무엇인들 동원하지 않을 수 없다. 만물의 영장이라는 인간은 부족함에서 또 다른 무언가를 발견하거나 그것을 찾아 이용한다. 살기 위해 음식을 섭취하고 살아가기 위해 배설하듯 살기 위해 읽고, 또한 살기 위해 기록한다(쓴다). “읽기는 학자에게 마치 음식을 먹는 것과 같습니다”라고 저자도 말하지 않는가.

“나는 읽는다. 고로 작가다.”

책, 고독의 피신처

"삼십오 년째 나는 폐지 더미 속에서 일하고 있다. 이 일이야말로 나의 온전한 러브스토리다. 그동안 내 손으로 족히 3톤은 압축했을 백과사전들과 흡사한 모습이 되어 버렸다. 나는 맑은 샘물과 고인 물이 가득한 항아리여서 조금만 몸을 기울여도 근사한 생각의 물줄기가 흘러나온다."

_ 보후밀 흐라발의 장편소설 『너무 시끄러운 고독』

인간은 어쩌면 걸어다니는 잡학사전이 아닐까. 그래서 온갖 지식을 뇌에 저장하고 있는 듯 보인다. 그러나 뇌는 처음부터 지금의 크기는 아니었다. 인류의 기원을 따져 보면 인간은 두 발로 걷기 시작하면서, 불을 사용하거나 도구를 사용하고 언어를 사용 하면서 뇌의 크기가 달라졌다고 한다. 어느 다큐에서 본 인류의 기원에서는 머리가 좋은 인류(원인류)가 죽자, 그의 지혜를 얻고자 뇌를 꺼내 나누어 먹는 장면이 있었다. 그것은 인간만이 가지는 앎에 대한 욕구였을 것이다.

그러나 방대한 지식을 저장하기에 인간의 뇌는 한계가 있다. 그래서 망각이라는 다른 한편의 통로가 생긴 것은 아닐까. 지식이나 지혜 등 책으로부터 얻는 방대한 것들을 압축해서 머리에 모두 넣고 싶다는 생각까지 해 보는 것은 그 때문이다.

작가 보후밀 흐라발은 '체코 소설의 슬픈 왕'으로 불릴 정도로 사회낙오자, 주정뱅이, 가난한 예술가 등 주변부의 삶을 그려 냄으로써 철저히 소외된 사람들을 주목하고 있다.

"너무 시끄러운 고독은 책을 고독의 피난처로 삼는 주인공 한탸의 독백을 통한, 책에 바치는 오마주다. 화자인 한탸는 책이 있기에 살 수 있는 사람이며, 그가 혼자인 건 생각들로 가득한 고독 속에 살기 위해서다. …책이 그저 종이쪼가리로 취급받게 된 냉혹한 사회에서 살아가는

화자의 정신 상태를 섬세한 문체로 그려 내고 있다."(옮긴이의 글에서)

소설의 주인공은 삼십오 년째 폐지를 압축하고 있다. 폐지 압축공인 한탸는 더럽고 어두침침한 지하실에서 자신이 사용하던 압축기와 맨손으로 겨루며 술에 젖어 사는 고독한 인간으로 묘사된다. 시끄러운 기계음 속에서의 노동은 그가 압축한 책들처럼 찌든 삶으로 비쳐지고 스스로 소외된 이방인으로 여겨진다.

작업을 하면서 어쩌다 읽게 된 책들. 그 안에 든 사고의 기름으로 날마다 영원한 야등을 밝힌다는 주인공은 독서가 소외된 노동으로부터 자신을 구해 주었다고 한다. 노동과 인간 실존에 대한 작가의 깊은 통찰. 지상이 아닌 지하의 일터에서 시끄럽지만 행복하고 아름다운 삶을 살려고 했던 주인공 한탸, 그가 바로 실존적 해방을 꿈꾼 작가 보후밀 흐라발이 아닐까.

왜 고전을 읽는가?

"왜 과거의 책을 읽어야 하는가 물으면 저는 우리 인간은 '역사적 존재'이기 때문이라고 답하겠습니다."

_ 강영안의 『철학자의 신학수업』

C. S. 루이스는 "오늘의 책을 한 권 읽으면 고전도 한 권 읽거나, 이렇게 할 수 없으면 오늘의 책 세 권을 읽으면 고전을 최소한 한 권 읽으면 좋겠다"고 했다. 저자는 "우리는 역사적 존재이기 때문에, 또한 타인과 함께 세계를 살아가는 존재"이기 때문에 과거의 책을 읽어야 한다고 말한다.

이 말은 공유, 공감의 중요성으로 읽힌다. 자칫 '관념과 편견' 속에 갇힐 수 있는 나의 사고를 빛의 세계로 끌어낼 수 있기 때문이다. 편견과 관념은 동굴 속 어둠이다. 내가 세계의 전체인 듯 내 생각이 유일한 참인 듯 착각에 빠질 수 있다.

김영하의 산문 『읽다』에는 고전에 관한 공감할 수 있는 유의미한 내용이 나온다. 그는 이탈리아 작가 이탈로 칼비노의 말을 인용하고 있다.

"고전이란, 사람들이 '나는 ○○○를 다시 읽고 있어'라고 말하지, '나는 지금 ○○○를 읽고 있어'라고는 결코 이야기하지 않는 책이다."

그와 반대로 처음 읽으면서도 어쩐지 '다시' 읽는 느낌을 주는 책이 고전이기도 하다는 것이다. 동서양의 고전을 제대로 읽은 사람이 얼마나 될까? 고전들은 여러 통로를 통해 단편적으로 세상에 노출되곤 한다. 그런 것을 보고 듣는 데 익숙해져서 마치 자신이 언젠가 읽기라도 한 것처럼 착각하게 만든다. 알맹이가 없으면 소리만 요란하듯 사실 머릿속에는 고전이 없는 것이나 마찬가지다.

독서는 오랜 시간에 걸쳐 축적되고 쌓여서 그 사람의 내공에 이르게 된다. 글을 쓰다 보면 늘 인문학적 소양이 부족함을 느낀다. 내가 알고 있는 지식이나 소양이라는 것이 얼마나 허접한 것인지…. 그렇다고 늦은 나이에 매일 책과 씨름할 수는 없다. 문제는 필요한 정보를 나름대로 신속 정확하게 찾아내는 능력이 중요해졌다. 그리고 찾아낸 정보를 어떻게 소화하고 자신의 의도에 맞게 사용하느냐의 능력에 달려 있다.

그럼에도 우리가 가능한 대로 고전을 가까이해야 하는 것은 단순한 지식을 넘어 삶의 지혜를 가르치기 때문이다. 그것이 과거와 현재, 그리고 미래를 향한 방향성을 제시해 주는 길잡이이기도 하니까. 고전이 시대를 초월하여 높이 평가되는 이유다.

알고 보니 나는 거의 모든 것을 놓치고 있었다

"관찰하는 사람의 눈앞에는 하찮은 동시에 굉장한 것들의 어마어마한 지층이 모습을 드러낸다. 그러니, 보라!"

_ 알렉산드라 호로비츠의 『관찰의 인문학』

"생각하지 말고 보라!"(비트겐슈타인)

생각은 개념을 만들어 내고, 개념과 개념이 이어지면 일정한 판단이 형성된다. 어떤 판단을 가지고 삶을 재단하고 결합하고 판정할 경우, 삶은 그 모습을 드러내기보다 오히려 감춘다. 그러므로 생각으로 틀을 짜서 삶을 찍어 내려고 하기보다는 주어진 삶을 먼저 자세히 들여다보는 일이 앞서야 한다.

“삶은 여러 모양으로, 여러 색깔로, 여러 차원으로 모습을 드러낸다. 언제나 한 지점에서, 하나의 입각점에서 보고 인지할 수밖에 없는 우리 지각의 특성과 한계 때문에 삶을 통째로 한꺼번에 볼 수 있는 가능성이 우리에게는 없다. 그러므로 옆에서도 보고, 돌려서도 보고, 뒤집어서도 봐야 한다.”

우리는 흔히 말하는 입과 듣는 귀의 관계를 인과적인 시간의 순서로 착각한다. 입이 먼저 말해야 귀가 들을 수 있다는 논리가 그렇다. 하지만 사물과 인간의 관계에서 이 순서는 전도된다. 즉 듣는 귀가 먼저 존재해야 비로소 말하는 입이 존재할 수 있다는 논리가 그렇다. 들으려면 침묵하고 응시해야 한다. 작가는 말하는 존재 이전에 듣는 존재인지도 모른다. 말이 없는 사물의 소리를 먼저 들을 수 있는 섬세한 청각의 소유자가 되어야 한다.

“어머! 감탄사와 함께 하늘을 올려다봤어요. 지나가던 아주머니가 내 행동을 보더니 동시에 하늘을 봤어요. 그러더니, ‘별 이상한 사람도 다 있네’ 싶은지 총총 사라져 버렸지요.”

지인의 말에 나는 그가 무엇을 보았는지 무척 궁금했다.

그는 남에겐 별것 아닐 수도 있는데 그날따라 유난히 허공에서 전해지는 느낌이 있었다는 것. 도대체 그는 무엇을 봤을까. 아니 무엇을 전해 받았을까.

매일 동네를 한 바퀴 걷는 것이 습관이 되었다. 미장원, 꽃집, 카페, 약국, 김밥과 국숫집, 여러 마트…, 그리고 눈인사를 나눌 정도의 친근한 일부 사람들까지. 그러나 지나침이었다. 건성으로 바라봄이었다. 좀 더 들여다보았어야 했나.

세밀히 살피라는 것이 아니다. 애정 어린 눈으로 보라는 것이었다. 조금만 더 진지한 관찰자의 눈으로 바라본다면 각각의 삶에 대한 경이감이 내 삶의 거울로 비칠 수도 있으련만. 그러니 나는 보이는 사물을 제대로 본 것이 아니라 거의 모든 것을 놓치고 있었던 것. 그러나 마음으로 본다는 것, 애정 어린 눈으로 본다는 것도 소유한다는 것이 아니라 스쳐 지나감일 뿐이다.

침묵과 말

"침묵하면 불편해지고, 말을 하면 우스워져."

_ 헤르타 뮐러의 장편소설 『마음짐승』

눈물은 가슴의 대변자이고 침묵은 소리 없는 말의 대변자다. 적절한 침묵은 어떤 말보다 강하다. 입을 다물수록 궁금증은 증폭된다. 그로 인해 존재감도 커진다.

하지만 때로 침묵은 금이 아니라 비겁함이 될 때도 있다. 가만 있으면 중간이라도 간다는 말은 비겁함이 될 수도 있다. 교묘한 회피로 비쳐질 수 있기 때문이다.

어느 편도 들고 싶지 않을 때, 혹은 어느 편이라고 말하고 싶지 않을 때 침묵은 가장 편리한 수단이다. 침묵이 깨지는 순간은 일의 진행이 완결되었을 때, 결과가 나왔을 때다. 표로 혹은 행동으로 보여 준 침묵의 결과다. 이럴 때 침묵은 값지다고 해야 하나, 비겁하다고 해야 하나.

말을 많이 하면 할수록 실수가 따르게 마련인 것은 쓸모 있는 말이 줄어들기 때문이다. 덜어내지 못하는 말의 욕심, 거기에 자의적이고 순간적인 감정을 덧입혀 쏟아내는 말은 듣는 사람의 마음마저 닫아 버리게 만든다.

일방통행에 익숙해져서일까, 교사나 목사같이 남을 가르치는 사람들은 말하는 것을 좋아한다. 그러나 남의 말을 잘 듣는 것 같지는 않다. 이들에게서 남이 하는 말은 '씨도 안 먹히는구나' 하는 느낌을 받을 때가 종종 있다.

말을 해야 할 때 침묵하고 침묵해야 할 때 말을 한다. 침묵과 말을 때맞춰 자유롭게 할 수 있다면 도(道)의 경지에 이른 사람이다. 우리는 언제나 침묵과 말 사이를 헤매곤 한다.

걷기

"걷기는 세계를 느끼는 관능에로의 초대다."

_ 다비드 르 브르통의 『걷기예찬』

걷기는 인간에게 가장 기초적인 운동이며 활동이다. 걸음은 사회활동의 본질적 수단으로 타자를 만나고 교류하고 생산하며 새로운 것을 발견하고 배운다. 두 발로 걸어야 하는 인간에게 걷기는 타고난 운명과 같다.

걷지 못함은 곧 죽음과 연결된다. 동물들은 대부분 태어나자마자 곧바로 일어서고 걷는다. 적으로부터 위협을 최소화해야 하기 때문이다. 다행히 인간은 사회적 안전을 담보할 수 있는 고등동물이어서 일 년 이상 보호를 받으며 자라 드디어 걷는다.

이동 수단의 발달은 걸음을 줄어들게 만들었다. 하지만 하체의 부실함이 위험하다는 것을 깨달은 사람들은 밥을 먹고 잠자는 일 못지않게 걷기에 열중한다. 걷기에 적합한 천변과 등산로에는 사람들로 북적인다. 심지어 집 안에도 러닝머신을 두고 땀을 흘린다. 인간이라는 종(種)은 두 개의 발로 시작되었다는 말이 더욱 실감나는 현실이다.

내게 있어 걷기는 행선(行禪)이며 기도다. 각성의 시간이며 영혼의 자유로운 여행이기도 하다. 하루 한 시간의 산행은 혼자다. 오로지 나를 위한 시간, 생각도 함께 따라 걷는다. 오직 걷는 것에 열중하는 몰입의 걷기도 좋지만, 부지런한 눈이 발견하거나 생각이 받쳐 주는 여러 혜택이 나를 기쁘게 한다.

나의 파트너는 시시때때로 변화하는 사물이다. 매일 표정을 바꾸는 이들과의 교감이 내 영혼을 살찌운다. 이들로 인해 창조적 충동이 일어날 때면 희열을 맛보곤 한다. 그것은 누가 강요해서 되는 것이 아니라 어느 고요한 순간, 내가 투명해지는 순간 맞는 어떤 자각이다.

담아 들을 수 있는 귀가 동시에 열리는 순간이기도 하다. 비록 혼탁한 시간으로 되돌아올지라도 다음 날 걷기는 반복된다. 그러나 어제의 그 모습이 아니다. 자연과 사물에도 매일 달라지는 표정이 있다는 걸 깨닫는다. 직립 보행을 할 수 있다는 건 축복이자 감사한 일이다.

고양이

"고양이는 허공에서 몸을 쭉 뻗었다. 네 다리가 몸뚱이에서 떨어져 나갔다. 땅바닥으로 떨어지기 직전, 고양이는 다리들을 다시 찾아내 사뿐히 내려섰다."

_ 헤르타 뮐러의 소설 『저지대』

고양이는 몸이 유연해 높은 곳에서도 다치지 않고 뛰어내린다. 나뭇가지에 뛰어올랐던 고양이가 착지할 때의 묘사는 적확하고 구체적이다. 허공에 몸을 쭉 뻗어 뛰어내릴 때는 네 다리가 몸통에서 떨어져 나간 듯, 그리고 땅바닥에 떨어지기 직전, 다시 다리들을 찾아내 사뿐하게 내려서는 모습에서 고양이의 날렵하고 가벼운 몸짓을 섬세하게 표현했다.

이런 점에서 문학은 아웃라인이 아니라 디테일이다. 그러기에 세밀한 관찰과 표현으로 구체화시키고 형상화해야 한다. 과거에 비해 현대인들은 훨씬 세련되어 있다. 문화가 세련될수록 글도 섬세함이 요구되는 이유다.

인간에게 의존도가 높은 개에 비해 독립적인 성향의 고양이는 야생의 본능이 살아 있다. 사람들이 하루의 노동을 노을빛으로 지우며 집으로 돌아올 때, 고양이는 한낮의 게으름을 털어내고 눈에 불을 지핀다. 그 불빛이 강렬해 뒤통수가 서늘해지기도 한다.

야행성의 자유로운 활동은 인간의 활동과는 대척점에 있다. 설치류로부터 곡창을 지켜 준다는 것을 알게 되면서 인간과 친해지는 계기가 되었지만, 가끔은 인간의 손아귀에서 벗어나려는 날카로운 야성으로 인해 주인과 충돌하기도 한다. 어쩌다 대부분 고분고분 사람에게 몸을 맡기는 것은 보편적인 사랑의 법칙이 고양이에게도 통하기 때문이지 싶다.

만지면 만질수록 각을 지운 채 몸을 비비는 고양이. 사랑은 뾰족함도 녹이는 만사형통의 비법이다.

낮과 밤이 여명 속에서 서로 맞물리듯

“이미 인생의 정점을 찍고 넘어선 우리는 비탈길을, 갈수록 가팔라지는 비탈길을 더욱더 빠르게 걸어 내려간다. 모순으로 점철된 세상을 극복하고, 논리로나마 더 나은 세상을 그려 보려 했던 사색은 이제 더는 우리의 몫이 아니다.”

_ 장 아메리의 『늙어 감에 대하여』

“자기 소외는 존재 소외가 되어 감에도 우리는 매일 하던 대로의 것을 충직하게 따라야 한다”는 이 문장에 주목한다. 이청준 소설가는 암 투병 끝에 2008년 작고하였다. 그가 세상을 뜨기 일 년 전, 한 신문에 기고한 글에서 이렇게 술회했다. 면도 후에 바르는 애프터 셰이브 크림이 떨어졌는데 살까 말까 망설였다고 한다. 새로 산 크림을 다 쓰기나 할 수 있을까를 생각했기 때문이라고.

출근하고 일하고 퇴근하고 잠자고 다음 날 같은 시간 다시 출근하고…. 지루한 일상을 벗어날 수 없다는 게 슬프다는 아들 말에 엄마는, 어느 날 갑자기 순서가 뒤죽박죽되었을 때를 상상하면 어떻겠니? 물었다고 한다. 지인의 말처럼 살아 있다는 것은 움직이는 것. 죽음에 이르기 전까지는 해야 할 일에서 손을 놓을 수 없다는 말이 된다. 먹어야 하고, 걸어야 하고, 일해야 하는 일상을 버릴 수 없다. 미리 손을 놓는다는 것은 죽음을 앞당기는 것과 마찬가지다.

확실히 알 수는 없지만, 이청준 소설가는 애프터 셰이브 크림을 사지 않았을까 생각된다. 살아 있는 한 일상의 습관대로 충직하게 따랐을 테니까 말이다. 작가의 말대로 '죽는다면' 하는 조건절을 앞세워 일상을 포기한다면, 그것은 지금껏 살아온 자신에 대한 배신일 수 있다. 낮과 밤, 생과 사는 늘 여명처럼 맞물려 있다.

마스크, 인간의 두 얼굴

"오늘날의 사회에서 사람들은 늘 가면을 쓰고 있는 것처럼 말과 행동이 다르고 속과 겉이 달라 진실을 알 수가 없다. 그래서 마스크는 공공사회에서 신뢰, 믿음, 양심을 감추는 사기, 허위, 거짓의 개념으로 바뀌어 사회생활에서 심각하고 위험한 요소로 등장한다."

_ 테오도르 폴 김의 『사고와 진리에서 태어나는 도시』

"사람의 얼굴은 하나의 풍경이다. 한 권의 책이다. 얼굴은 결코 거짓말을 하지 않는다."(발자크) 얼굴에 무한 신뢰를 보내는 듯한 이 말은 내면의 진실이 드러나는 얼굴을 말함이다. 친절한 얼굴, 감사한 얼굴, 슬픔의 얼굴, 행복한 얼굴은 모두 내면의 발로이기 때문이다.

진실은 내면에 감춰져 있음에도 마스크로 그 사람의 가치를 판단하고 결정될 정도로 외모에 인격과 개성을 부여하는 사회가 되어 버렸다. 정도의 차이는 있을지라도 사람은 모두 마스크를 덧씌운 얼굴을 지니게 마련이다. 남이 바라보는 나로 살아간다는 것은 때로 형식적이고 위선으로 보이기도 한다.

"나는 이중인격자예요. 가끔 내가 나를 그렇게 생각해요." 이렇게 말하는 이에게 "나는 아무리 생각해도 다중인격자인걸요"라고 대답했다는 누군가의 말에 웃음이 터지면서, 남을 의식하지 않는 '나'를 상상하기 어렵다. 그것이 '자유로움'이라고 해도 그런 삶의 용기를 지닌 사람이 과연 있기나 할까?

혼자 살지 않는 한 훌훌 가면을 벗어 버리는 자유로움이 사회적 동물인 인간에게 가능할 것 같지는 않다. 인간의 양면성은 어쩔 수 없는 본성이기도 하니까. 삶은 때때로 가면도, 맨얼굴도 필요하다. 다만 지나치지 않을 만큼의 조절을 동반한다는 조건 하에. 아니면 정말로 이중인격, 다중인격이 되어 버릴지도 모르니까.

산책 1

"산책은 나에게 무조건 필요한 것입니다. 나를 살게 하고, 나에게 살아 있는 세계와의 연결을 유지시켜 주는 수단이니까요."

_ 로베르트 발저의 『산책자』

'느긋한 기분으로 한가로이 거닐음. 한가로이 가볍게 이리저리 거닐다.' 이건 산책의 사전적 풀이다. 그렇다면 걷기와 무엇이 다른가. 같아도 조금은 의미가 다른 것이 산책 혹은 산보다.

산책의 필수 조건을 들라면 우선 여유가 있어야 한다는 것. 여유라 함은 다음 일정에 쫓기지 않아야 하는 느긋함이다.

할랑한 시간만큼 헐렁한 몸가짐이 필요하다. 출근할 때의 타이트한 마음가짐 혹은 몸가짐은 필요 없다. 조인 옷보다는 묶임 없는 헐렁한 옷차림이어야 한다.

또한 편안한 신발이 필요하다. 운동한다는 목적은 저만치 버리고 마실가듯 가야 한다. 무엇을 담아 와야 한다는 책임감보다는 무언가를 두고 와야지, 하는 마음가짐이다. 그러나 결과는 버린 만큼 새로 채워진다는 점이다. 뒷짐을 지듯 세상사에서 멀어지는 것들. 매일 버려도 또 버릴 것이 있다니.

"산책을 못하면 나는 죽은 것이나 마찬가지"라는 작가의 고백이 결코 과장되지 않은 것은, 펼쳐진 세계에서 매혹을 건져 올릴 가장 좋은 기회가 산책이기 때문이다. 지팡이와 멋진 모자를 갖춘 여유로운 로베르트 발저의 모습이 눈에 선하다.

산책 2

"산책자는 그 어떤 경우에도 감정에 겨운 나르시시즘이나 너무 민감하게 상처받는 성향을 지녀서는 안 됩니다."

_ 로베르트 발저의 『산책자』

스위스 소설가 로베르트 발저를 알게 된 것은 행운이 아닐까 싶다. 그의 문장들은 아무나 쓸 수 있는 것이 아니다. 깊고 간단하다. 그가 "산책자는 그 어떤 경우에도 감정에 겨운 나르시시즘이나 너무 민감하게 상처받는 성향을 지녀서는 안 된다"고 한 건 세상을, 사물을 너무 곱고 아름답게만 보면 자칫 객관성을 잃을 수 있기 때문이다.

중국 속담에 "노했을 때는 편지를 쓰지 말라"고 하였다.

밤에 쓴 편지가 아침에 읽으면 부끄러워지듯, 화가 났을 때 쓴 편지는 온통 분노의 마음이 들어서 다른 감정이 끼어들 틈이 없다. 그리하여 받는 이는 그 감정을 그대로 받아들여 상처를 받거나 금이 가기 쉽다. 몰입된 기분은 다른 감정을 조절할 능력이 결여되어 있으니 다른 일과 병행하지 않는 것이 좋다.

나르시시즘은 인간의 본성에 속한다. 자기애(自己愛)가 없이 어떤 생명체도 유지, 존속시킬 수 없기 때문이다. 나르시시즘이 '예술 창작의 동력'을 제공한다는 점에서 작가에게는 매우 중요한 요소다. 그러나 그것에 "휘둘리면 유치한 글이 되고 그것을 적절히 다룰 수 있으면 아름다운 글이 된다."(양선규, 인문학 산문집 《세 개의 거울》, 110쪽)

글에도 유행이 있다. 어떤 사건이나 이슈에는 그것에 관한 글들이 집중된다. 예컨대 '코로나19'에 관한 글도 그렇다. 사실에 근거하기보다는 다분히 감정적이어서 대처라기보다는 오히려 공포를 조장하고 헛소문을 퍼뜨리기도 한다.

사건의 본질을 산책하기보다는 그 언저리에서 헤맨 결과다. 이성적이거나 객관적 사실을 본 것이 아니라 근거를 멀리한 감정이 앞선 때문이다. 시사적인 글은 그 사건이 어느 정도 정리되고 냉정한 객관적 시각을 갖출 때, 오류로부터 발생할 수 있는 후회를 덜 수 있다. 역사는 시간이 한참 흘러 뒤돌아볼 때 올바른 평가를 내릴 수 있듯, 글도 성급하게 접근하면 안 된다는 의미로도 해석된다.

작가는 슬픔이나 기쁨과 같은 감정을 억제하고 절제된 언어를 구사해야 한다. 섣부른 감상에 빠지면 본질에서 벗어날 위험이 있기 때문이다. 다른 장르보다 수필은 이 점을 더 엄격하게 지켜야 한다. 눈물이 글의 척도가 된다고 착각하지 말 일이다. 감정의 과잉이다. 수필의 근본을 잘못 서성거린 논리다. 클래식 음악은 절제가 있기에 결정적인 순간에 폭발성이 커지지 않는가.

추(醜)의 미학

"예술은 오직 미와 결합하는 경우에만 추에 현존을 허락한다. 추는 분명히 이 결합관계에서만 커다란 영향력을 발휘할 수 있다."

_ 카를 로젠크란츠의 『추의 미학』

더럽게 느껴질 정도로 치사하고 흉하다, 흉하게 여겨질 정도로 못생기다, 지저분하고 더럽다 등으로 추함을 풀이한다. 또한 정밀하지 못하고 거칠다는 의미도 있다.

그렇다면 아름답고 추함의 기준은 무엇일까. 그 근거를 어디서 찾을 것인가. 사람마다 아름다움을 보는 눈은 달라서 어느 선에서 구분 지을 수 있을지는 분명하지 않다.

그러나 추와 미는 서로 대립하는 관계가 아니라 유기적으로 얽힌 관계다. 악이 없는 선이 없듯, 추가 없는 미가 존재할 수 없는 것과 같은 이치가 아닐까. 추를 미의 부정적 개념으로 볼 수 없는 이유다.

나는 추함을 못났다는 형상에 두기보다 행위에 두고 싶다. 기준에 못미치는 행동이다. 기준이라 함은 보편적인 다수에게 언짢음을 느끼게 함, 수치나 민망함을 끼치게 함이 근거일 것이다.

예술의 과업이 미를 생산하는 것이라면, 추 역시 예술이 생산해 내고 있음을 볼 때 그것은 타당한 말이 된다. 미는 훨씬 더 아름답게 나타나기 위해서 추를 필요로 하거나 적어도 추를 이용하기도 한다. 사람들이 악을 덕성의 조건으로 만드는 것과 유사하게 말이다. 미의 순수한 모습은 추의 두꺼운 껍질로 인해 더욱 빛나고 두드러져 보인다.

독일 철학자 카를 로젠크란츠는 예술에서의 추가 미를 위해서 존재한다는 통념을 버려야 한다고 말한다. 왜냐하면 예술은 오직 미와 결합하는 경우에 있어서 추의 현존을 허락하기 때문이라는 것이다.

잘생김과 못생김, 아름다움과 덜 아름다움은 각자의 관점에 맡긴 기준, 그것이 통념이 될 수 없으며 덜 아름다움이 아름다움을 위해 희생되어야 하는 논리도 없다.

히말라야

"길 저편에… 다시 길이 있었다. 산 저편에… 다시 산이 있었다."

_ 후지와라 신야의 『티베트 방랑』

"사람 사는 곳은 어디나 같아요. 언어가 다르고 풍습이 달라도 눈빛으로 통하는 무언가가 있어요. 우리는 그래서 금세 친구가 됩니다."

눈빛으로 읽는 표정이다. 사진 속 얼굴들이 그리 말하고 있다. 이것은 순전히 나의 상상이지만, 그 얼굴들은 그리 말하고 있는 듯하다.

"일생의 한 번은 히말라야를 걸어라."

말이야 쉽다. 히말라야가 어디 이웃집 가듯 갈 수 있는 곳이랴. 그러나 풍경과 사람들은 생각보다 히말라야가 지척에 있음을 보여 준다. 손을 뻗으면 역시 손을 내어 줄 것 같은 착각. 히말라야 그 신비한 냄새가 단박에 콧속으로 스민다.

왜 히말라야일까?

따지고 보면 가기 힘드니까 히말라야다. 인간의 내면에는 깎아지른 절벽을 오르고 싶은 본능이 있다. 평탄함을 거부하는, 오지를 탐험하고픈 욕구가 히말라야를 찾고 걷는다. 아슬아슬 위태로움을 몸소 체험하며 뼛속까지 누리는 짜릿함이다. 아니, 살아 있음을 실감하는 것, 세상에 나와 이런 천지도 체험했다는 경외감이다.

삶의 진정성을 찾아가는 구도자처럼 후지와라 신야는 자연과 인간이 살아가는 방식을 날것 그대로 기록하고 있다. 그의 글과 사진은 생과 사를 대하는 티베트 사람들의 정신을 고스란히 담아내고 있다.

그 사람들의 정신세계는 문명화된 사회에 뒤처지지 않을 뿐만 아니라 더 숭고하고 진실한 마음으로 삶을 마주하고 있음을 확인해 주고 있다. 그 황량한 곳이야말로 사람 냄새가 나는 정토의 땅이라는 것을. 자신을 온전히 해체시키는 진정한 여행자의 기록, 압도적 리얼리티로 독자의 시선을 사로잡는다.

"이봐, 걱정할 필요 없어. 지금 우리가 사는 이 세상에는 자네들이 내세라 부르는 지옥, 아귀, 축생, 아수라, 인간, 천상이 다 있어. 이곳이 바로 내세야."

사후 내세의 천국보다 이 땅의 삶에서 천국을 이루어야 하는 당위성이 읽히는 대목이다. 히말라야의 가파른 산길을 오르는 차 안 풍경 속에서도 각기 다른 모습들이 하늘과 구름과 계곡의 물 위에서 한데 어울려 흙먼지와 함께 흘러가듯. 같은 상황 속에서도 다양한 삶의 모습이 순백 무구하게 어우러진 땅이 티베트이고 히말라야다.

힌두

"걸을 때마다 나 자신과 내가 배워 온 세계의 허위가 보였다."

_ 후지와라 신야의 『인도 방랑』

"나는 걸었다. 세계는 좋았다."

영성의 대지 인도, 행동하는 사색가 후지와라 신야가 발로 쓴 기록이다. 고행의 여행기다. 인간의 삶에 이토록 깊이 천착한 여행기가 또 있을까 싶다.

1969년부터 1972년까지 3년간 인도 여행의 기록을 담은 이 책을 읽으면서 '인증샷'에 길들여진 많은 여행자들을 생각했다. 단편적인 에피소드나 안내문, 또는 자료에 의지한 여행 기록을 모두 여행기라 여겨도 좋을까 싶었다.

"걸을 때마다 나 자신과 내가 배워 온 세계의 허위가 보였다"는 것은 발품으로 쓴 후지와라 신야만이 자신 있게 표현할 수 있는 말이다. 시신을 물어뜯는 개와 불태워져 자연으로 승천하는 죽음에서 인간이라는 무력한 육체를 확인한다. 그것은 자연의 법칙을 받아들이는 비극적인 도덕이고, 황무지에서 자라난 도덕임을 힌두는 말하고 있는 것이 아닐까.

아름다움을 찍은 사진이 아니었고, 아름답게 쓴 글이 아니었다. 흐릿하게 드러나는 사진 속 장면을 연상하면서 그 안의 비극적 아름다움을 들여다본다. 적나라하지 않아서, 너무 처연해서 오히려 아름답다. 아니 슬프다.

그러나 그 슬픔을 승화시킨 비극적 미학이다. 삶과 죽음이 여기와 별반 다르지 않다. 다만 의식을 받아들이는 입장이 다를 뿐이다.

"좋게도 나쁘게도, 모든 것은 좋았다."

스승과 제자

"스승과 제자는 오직 존경과 감사의 관계 속에 마주하게 된다."

_ 장 그르니에의 『섬』

장 그르니에는 1898년에 태어났다. 그의 제자 알베르 카뮈가 1913년도에 출생했으니 그르니에보다 열다섯 살 아래다. 그는 젊은 시절 카뮈에게 지대한 영향을 미쳤다. 탁월한 스승 장 그르니에와 훌륭한 제자 카뮈는 1930년 알제고등학교에서 철학 교사와 제자로 만났다.

『섬』은 카뮈가 쓴 서문으로도 유명하다. 1922년 장 그르니에가 발표한 에세이집 『섬』을 읽으며 스무 살 카뮈는 최대의 칭찬을 담아 서문을 바쳤다고 한다.

카뮈는 스승이자 멘토인 장 그르니에를 평생 존경하고 사랑을 표했다. 그가 존경하는 멘토였다는 사실만으로도 스승과 제자의 관계를 넘어선 아름다운 우정이 돋보인다. 그런 그들의 삶을 엿보는 것만으로도 가슴 벅차다. 스승을 빛내는 제자, 그런 제자가 쓴 사랑과 그리움과 존경이 가득 묻어 있는 서문을 읽고 장 그르니에는 감정이 북받쳤을 터. 스승으로서 이보다 더 깊은 행복을 느끼는 순간이 또 있을까.

스승과 제자의 관계를 카뮈는 서문에서 이렇게 밝히고 있다.

- 스승과 제자는 오직 존경과 감사의 관계 속에 서로 마주하게 된다는 것.
- 의식의 투쟁이 아니라 생명의 불이 꺼질 줄 모르며 서로의 생애를 가득 채워 줄 대화.
- 오랜 교류는 예속이나 복종을 요구하는 것이 아니라 가장 정신적인 의미에서 모방을 야기시킨다는 것.
- 종래에는 제자가 스승을 떠나고 그의 독자적인 세계를 완성하게 될 때 스승은 흐뭇해한다는 것.

선생과 스승의 차이는 무엇일까. 그 말이 그 말 같지만, 엄연히 다르다. 선생은 세상의 지식을 전달하는 사람이다. 이런 선생은 곳곳에 있다.

그러나 스승은 여기에 더하여 삶의 지혜를 일깨워 주는 사람이자 인격을 존중해 주는 사람이다. 지식과 지혜와 인격을 갖춘 스승은 많지 않다. 그런 스승을 만난 제자는 행운아다.

서로의 운명에 지대한 영향을 미친 두 작가는 28년간 235통의 편지를 주고받았다고 한다.(카뮈가 112통, 그르니에가 123통) 서로에 대한 깊은 존경심과 돈독한 우의가 오늘날 스승과 제자의 관계를 되짚어 보는 데 시사하는 바가 크다.

세상에 하나밖에 없는 돌멩이

"내 손바닥에 올려놓은 돌멩이는 그 하나하나가 둘도 없는 세계에 하나밖에 없는 것이었다. 그리고 세계에는 하나밖에 없는 것이 온천지 길바닥에 무수히 굴러다니고 있다."

_ 기시 마사코의 『단편적인 것의 사회학』

돌멩이는 크기가 좀 작은 돌을 이르는 말이다. 바윗덩어리처럼 무겁지도 않고 모래알처럼 작지도 않아 만만하게 손에 잡힌다. 돌멩이를 들어 화풀이 삼아 던지기도 하고 발치에 걸리면 걷어차기도 한다. 돌멩이라는 말투에는 어감상 보잘것없는 미미한 존재로 여겨지기도 한다.

하지만 세상의 모든 돌멩이는 각각의 형태, 색깔, 무늬,

모양을 가진다. 둘도 없는 하나밖에 없는 존재다.

내 삶이 노년으로 기울기 시작하면서 때때로 나 자신에게 질문을 던진다. 나는 내 삶을 주도하고 있는가? 과연 내 삶의 주인인가? 지금껏 사회적 관계망 속에 주어진 책무라는 중압감에 나를 소홀히 대하지 않았는가 하는 것이다. 나이 들어감에 따라 이러한 의문들은 더욱 빈번해지고 때로는 회의가 들 때가 있다.

시간은 흘러 어느덧 노년이라는 시간표에 매몰되었다. 몸은 병들고 고통스러운 날들이 이어진다. 무엇과도 바꿀 수 없는, 세상에 하나밖에 없는 완전하고도 유일한 존재라는 사실을 언제 한 번이라도 의식하며 살아 보았던가.

개인의 이익보다 집단 이익을 우선하며 살아온 시간들. 무의미하지는 않았지만 나 자신을 그쪽에 너무 혹사시킨 것만은 분명하다. 자존감은 꽁꽁 숨겨 두고 그저 쇼윈도에 진열된 상품으로서의 가치를 높이려고 애쓴 시간이었다. 마치 인생의 승패가 거기에 있는 것처럼. 인격의 물화(物化)가 점차 존엄의 상실로 병들어 간 시간이었다.

늦었지만 이제라도 나를 아끼고 보살피며 사랑해야 겠다. 누구에게도 의탁할 수 없는 내 고유한 삶이기 때문에 더욱 그러하다. 비록 이 세상의 수많은 존재들 속에 하나의 돌멩이에 불과할지라도 나만의 고유한 품격을 되살리는 것이 주체적 삶으로 나아가는 길이다. 이마저도 내 마음대로 하지 못한다면 굴욕적인 삶을 감내하며 종의 신분으로 살아야 하지 않을까.

쓰기(筆)

쓴다는 것

"쓴다는 것… 그것은 언어를 매혹 아래 두는 것이다."

_ 모리스 블랑쇼의 『문학의 공간』

글쓰기는 관심에서 출발한다. 사물이나 주변에 대한 돌봄이 동기가 된다. 나의 주관적 생각이 사물과 접하거나 사람과 섞이면서 전혀 다른 사고를 불러일으키거나 동의 과정을 겪는다. 그 동의 과정에서 갈등을 일으키지만, 결국 그것과 화해, 모순과 불순물을 걸러 낸다. 거친 생각을 다듬고 마음에 걸리는 돌부리를 걷어 낸다.

사랑하는 행위와 글을 쓰는 행위가 어쩌면 같을 수 있다는 건 너무 나간 주장일까. 사랑하는 이에게 마음을 열어 주고 비밀을 공유하는 것처럼 글의 대상과 나와의 직접 간접의 교감과 비밀 소통이 같지 않은가. 또한 어떤 사물, 대상을 통해서 보이는 것 이상의 무엇(예를 들면 이미지 같은 것 등)을 도출해 쾌감에 이르는 과정이 같지 않은가. 그것은 사랑이기도 하고 지적 카타르시스이기도 하다.

글쓰기는 중압감에 시달리게 한다. 애가 타고 피가 마르는 과정이다. 작가는 보물을 찾듯 말을 캐는 사람이다. 지혜나 명철은 피마름 없이 거저 얻어지지 않는다. 이것은 보물과 같아서 탐구하지 않으면 찾을 수 없다. 지혜를 얻어 말문이 터지듯 구도자의 마음으로 끊임없이 탐색하고 통찰하고 반복 학습을 통해 숙달해야 한다.

누구나 아는 언어, 흔히 쓰는 익숙한 일상적 언어는 매혹과는 거리가 멀다. 일상 언어는 관습적이고 지시적이다. 은유를 죽인다. '추운 겨울'은 겨울은 춥다는 인식을 바탕으로 한 일상의 고착된 언어다. '겨울은 우리를 따뜻하게 지켜 주었다'라고 할 때 '춥다'에서 '따뜻함'으로 표현한 언어의 일탈이 신선해진다.

일탈은 충돌이다. 일정한 권력을 가진 관습적 언어와 으르렁거린다. 그러나 피할 수 없는 충돌이다. 어떻게든 싸워 승리를 거두어야만 글이 살아남는다. '구석'이 어두운 곳이 아니라 '밝은' 곳이라는 인식의 전환, 고정관념을 탈피해야만 가능한 싸움이다.

이처럼 문학은 우리에게 일상의 '친숙한' 것에서 '낯설게' 바꾸어 놓는 작업이다. "시든 수필이든 그것이 예술이 되려면 지성과 새로움이라는 두 가지 탄환을 장착해야 한다. 그것 없이 날리는 총탄은 아무도 놀라게 하지 못한다."

언어를 매혹 아래 둔다는 것은 곧 상투적인 언어를 깨뜨림으로써 새로운 지각을 일으키는 것. "시적 언어는 일상 언어에 가해진 폭력"이라고 한 야콥슨의 말에 전적으로 동의한다.

수파리(守-破-離) 이론

_모방과 창조의 관계

"스승의 가르침을 따르고(守) 일부러 그 가르침을 깨뜨리며(破) 마지막으로 독자적으로 발전시킨다(離)."

_ 허우린의 『처음 시작하는 미학 공부』

서예나 그림을 처음 시작하면 본(本)이 되는 것을 놓고 그대로 따라한다. 창작은 모방의 시간이 쌓여서 이루어진다. 그래서 '모방 없는 창조'는 없다고 말한다.

글을 쓰는 것도 마찬가지여서 학교에서 배우거나 스승으로부터 사사(師事)할 때, 모방의 단계에서 기본기를 갈고닦는다. 이 과정은 매우 중요하다. 기본이 탄탄해야 응용이 가능하기 때문이다.

농사를 지을 때도 깊이갈이를 강조한다. 얕게 갈아 놓은 땅에서 뿌리가 튼실할 수 없다. 당연히 소출도 부실해진다. '제대로 갈고닦지 않고 내공을 쌓지 못하면' 깨뜨릴(破) 수 없다. 진득이 기본을 닦지 않고 훌쩍 스승을 떠났다가 후회하는 경우도 있다. 부족함을 깨닫고 스승을 찾아와 다시 지도를 받은 뒤에야 지면에 글을 발표한다. 얼마나 불편한 짓이고 부끄러운 일인가. 자립이 불가능한 상태를 알지 못한다는 것, 자신의 능력보다 어서 빨리 뭔가 되고 싶은 성급함이 만든 결과다.

스승의 가르침보다 한 단계 나아갔다는 것은 발전했다는 것, 좀 더 성장했다는 것이다. 그러나 파(破)는 진정한 리(離)에 이르기 위해 '자신만의 방식'을 연마하고 창조의 세계로 나아가도록 꾸준히 노력해야 한다.

저자는 말한다. "좁은 의미의 창조는 리(離)의 단계에서만 이루어지지만, 넓은 의미의 창조는 수-파-리 전 과정을 포함한다"고. 그래서 "창조는 전체의 과정으로서 끊임없이 모방하고 정해진 틀과 관습을 깨뜨리며 마침내 자기만의 양식을 확립하는 것"이다.

청출어람(靑出於藍)은 이때 비로소 쓰는 말이다.

필사

"국도(國道)는 직접 걸어가는가 아니면 비행기를 타고 그 위를 날아가는가에 따라 다른 위력을 보여 준다. 텍스트 역시 그것을 읽는지 아니면 베껴 쓰는지에 따라 그 위력이 다르게 나타난다."

_ 발터 벤야민의 『일방통행로』

눈으로 읽는 것보다 소리 내어 읽고, 보고 읽는 것에 더하여 쓰며 숙독하는 것이 더 깊이 있게 와 닿는다. 마치 천천히 산책을 하며 사물을 깊이 들여다보고 음미하는 것처럼. 그림을 그릴 때, 글씨를 처음 익힐 때, 붓글씨를 배울 때 우린 먼저 표본이 되는 것을 따라 그리고 쓴다.

배움의 첫걸음일 뿐만 아니라, 숙달에 이르게 한다.

초독, 재독, 삼독에 따라 이해의 깊이가 달라진다. 하지만 읽고 난 후 책을 덮으면 기억에서 멀어진다. 더구나 한 번 읽고 만족하며 덮을 수 있는 만만한 책은 없다. 우리의 기억이 그것을 허락하지 않는다.

독서 노트를 활용하여 중요 문장을 필사해 놓으면 지식의 저장 창고 같아서 언제든 다시 꺼내 볼 수 있다. 곳간에 쌓아 둔 곡식만 봐도 배가 부르듯 노트 속 배부른 문장이 흐뭇하다. 써서 없어지는 것이 아니라 그곳에서 몇 배의 효과를 보여 주니 더욱 기특하지 않은가. 수십 권의 독서 노트를 가진 작가들이 부러운 까닭이다. 마냥 부러워할 일이 아니다. 바로 실행에 들어가기로 마음먹으면 되는 일이다.

"공들인 만큼 얻어진다." 명심할 일이다.

발굴과 기억

"기억은 지나간 것을 알아내기 위한 도구가 아니라 오히려 매개물이라는 사실을 언어가 의미하고 있다는 것은 오해의 여지가 없다."

_ 발터 벤야민의 『사유이미지』

발굴은 어느 날 느닷없이 시작된다. 계획적이라기보다는 문득 무엇인가 징조가 보이고, 그것을 세밀히 들여다본 결과 그 기운을 따라 조용히 탐색하는 것이다. 그리하여 조심조심 그 흔적을 따라가는 것이다.

우리의 기억이란 것은 계획된 것이 아니라 부지불식간 어떤 상황에 접했을 때 문득 떠오르는 파편이다. 그 파편을 주워 들고 조심스럽게 그 연대, 그 자취 속으로 들어가면 오롯이 모여 있는 기억의 집합소가 있다. 때로 추억이 되고, 때로 고통이 되는 그것들. 그것을 열어 가지고 온 이미지는 조금은 변형되거나 아주 낯선 것이 되어 새로움으로 전환되기도 한다. 그러나 그 본질은 변함이 없다.

여기서 주목할 점은 '오늘날의 대지에 표시하지 못하는' 기억에 있다. 수필을 예로 든다면, 단순히 과거에 있었던 기억의 나열만으로 미적 감동을 극대화할 수 없다. 기억을 끄집어내 형상화하기 위해서 바꿀 건 바꾸고 뺄 건 빼는 과정이 필요하다는 것이다. 발굴된 기억을 그대로 나열한다면 일기나 수기에 불과해지기 때문이다. 그러기에 은유적 사고뿐만 아니라 형식과 내용이 자유로운 '랩소디'적으로 전달해야 한다는 의미로 해석된다.

기억을 헤집고 흩뿌릴 때, 오늘날의 관점에서 그 기억들을 새롭게 통찰할 필요가 있음을 강조한다.

주인과 고용인

"나는 지금 내가 쓰고 있는 이 글을 고용인의 자세로 내놓으며, 이것을 정독하는 사람을 내 주인으로 간주한다."

_ 로베르트 발저의 『산책자』

글을 쓴 작가는 독자의 반응에 주목하게 된다. 작가는 자신이 쓴 글의 주인이자 동시에 독자에게는 고용인이라는 자세는 바람직하다. 내가 주인이라는 주장이 강하면 독단과 독선에 이르게 되고 독자에게는 자신의 의도를 강요하게 될 것이다. 내가 독자의 고용인이라는 생각이 글에 대한 태도나 문체에 영향을 미치게 할 수 있다. 그것이 양쪽 모두에게 만족감을 주게 된다는 의미일 것이다.

그러나 중요한 것은 작가가 독자에게 '아부'해서는 안 된다는 점이다. 독자를 너무 의식해 글을 쓴다면 자신의 신념과 개성을 버릴 각오를 해야 한다. 적절한 조화가 중요하지만, 결국 주체는 작가다. 영화감독 우디 앨런의 말을 작가에게 인용해 보자.

"감독이라면 자신을 위해 영화를 만들어야 한다는 사실이다. 어떠한 난관에 부딪치더라도 영화를 처음부터 끝까지 확실히 자신의 것으로 만드는 것이 모든 감독의 임무다. 감독은 언제나 영화의 주인이 되어야 한다. 감독이 노예가 되면 그 즉시 끝장이다."

이 말이 위의 글과 매우 상충되는 듯하지만, 사실은 그렇지 않다. 자신의 영화를 만들어야 한다는 말이 관객을 무시해도 좋다는 뜻은 아니다. 자신을 즐겁게 하는 영화를 만들고(자신조차 즐겁게 하지 못하는 영화가 관객으로부터 호응을 받을 수 있을까?) 그것을 잘 만들면 관객 또한 즐겁게 만들 수 있다는 것. 그러니 관객이 무엇을 좋아하는지 알려고 애쓰거나 관객이 좋아하게끔 만들려고 애쓰는 것은 잘못이라고 말한다. 시사하는 바가 크다.

나는 내 글의 주인이지만, 어느 순간 글의 고용인이 된다.

글을 이끌어 가는 것은 나지만, 그 글의 행방을 따라가야 하는 것도 나이기 때문이다. 글의 행방은 결국 글이 좋아하는 미적 지정학적 위치, 즉 독자의 자리다. "복종하는 것과 명령하는 것은 서로 복합적이다"라는 말은 그래서 더욱 의미가 있다.

놀이와 시(詩)

"시를 창조하는 것은 실상 놀이의 기능이다. 시는 정신의 놀이터에서 벌어지며, 그 놀이터는 정신이 그 자신을 위해 스스로 만들어 낸 세계다."

_ 요한 하위징아의 『호모 루덴스』

늘 갖고 놀던 놀잇감도 시들해질 무렵 아이들은 새로운 놀이를 찾아 헤맨다. 눈을 굴리며 이리 기웃 저리 기웃, 그러다 발견한 새롭고 낯선 것은 호기심을 끌기에 충분하다.

이처럼 새로움을 발견하는 것이 시다. 새롭다는 것은 시적 신비 요소를 담고 있다는 뜻, 둘러싼 현실을 이탈하고자 하는 신선함이 흔한 사고를 뒤집어 그 이면과의 도킹을 시도한다. 그것이 시다. 기발하고 돌발적인 상상은 논리를 뒤집어 시적 이미지를 꾀한다. 개성적이고 독창적인 생각이 고정관념을 허물고 새로운 시적 경지를 열어 나간다.

현실 논리를 넘어서 새로움을 볼 수 있는 게 시다. 시적 사유 과정을 거쳐 한 편의 시는 태어난다. 대상에서 가장 빛나는 순간을 포착, 창조적 언어 과정을 거쳐 한 편의 시로 탄생시킨다.

의미가 아닌 감각에 의해 일어나는 정서의 움직임은 이미지가 있기에 가능하다. 그러기에 이미지가 없는 시는 죽은 시와 같다. 즉 마술 같은 상상으로 만든 장난감, 이미지가 없으면 놀이는 금세 시들해진다. 시적 미학은 당연히 없게 된다. 예를 들어 색채와 형태의 구성을 통해 이루어진 감각적 형상이 충격적인 자극을 줄 때 잠잠했던 신체적 상태는 정동하기 시작하는 것이다.

언어는 이미 우리의 기억 속 혹은 관습 속에서 약속된 의미의 일상적 언어활동 때와는 달리 어떤 감각을 통해 우리에게 전달됨으로써 우리 자신을 움직이게 만든다.

관념적인 진술의 시 역시 감각성의 도입으로 인해 감각적인 자극을 일으킴으로써 정동 과정을 거침은 두말할 필요가 없다.

누구나 시인이다. 상상으로 빚은 이미지를 만지작거리면 얼마나 짜릿한가. 그 놀이가 지속 가능할 것인지는 개방된 사고만이 아는 일이다. 꿈을 자유롭게 드나들 수 있는 천진한 상상력이 없다면, 놀이는 끝난다.

원고지 위의 여행자

"내게는 지금도 간혹 먼 북소리가 들린다. 조용한 오후에 귀를 기울이면 그 울림이 귀에서 느껴질 때가 있다. 막무가내로 다시 여행을 떠나고 싶어질 때도 있다."

_ 무라카미 하루키의 『먼 북소리』

둥둥 심장이 울린다. 무라카미 하루키를 따라가면 저 멀리 북소리가 만져지고, 나는 그 소리를 느끼고 맛보며 다시 가슴이 둥… 둥…. 혼자만 즐길 수 없다. 입력하고, 첨가하고, 삭제하고, 복사하고, 이동시켜 저장한다. 눈으로 마음으로 누리는 원고지 위의 여행이다.

글을 쓰는 행위 자체가 여행이라는 하루키의 생각은

탁월하다. "지금 여기에 있는 과도적이고 일시적인 나 자신"이 글을 통해서 어디든지 갈 수 있다는 것은 작가만이 누릴 수 있는 권한이 아닐까?

"인간에게 문학은 무엇인가? 고해인가? 위안인가?"라는 어느 원로 작가의 자문(自問)에, "문학은 인간의 나약함을 증거하고 약자의 패배를 이해하며 인간의 폭을 넓혀 나가기 위한 인생의 대학습장"이라고 자답(自答)하고 있다.

한 사람의 작가가 여행자라면, 그가 향하는 곳은 아픈 곳, 약한 곳, 소외된 곳이다. 그곳에 화평을 발하여 '고해'의 땅을 '위안'으로 바꾸는 아름다운 여행자가 되지 않을까. 그것은 먼저 작가가 감내해야 할 고통 없이는 안 될 테지만.

빌리지 말고 훔쳐라

"자기가 갖고 있는 문제에 대한 해결책을 다른 사람의 영화에서 찾고, 그 영향이 자기 영화에서 살아날 때만 모방은 유용하다. 존경심에서 '빌리는 것'이라면, 해결책을 찾기 위한 의도는 '훔치는 것'이며, 훔치는 것만이 정당하다. 필요하다면 결코 망설이지 말라. 모든 영화감독이 훔친다."

_ 로랑 티라르의 『거장의 노트를 훔치다』

"지면에 발표한 제 글을 보고 갑자기 의문이 들더군요. 서둘러 찾아봤더니 아뿔싸, 어느 문장이 다른 분의 글인 거예요. 얼마나 당황스럽던지. 왜 내 것이라고 자연스럽게 생각했을까요.”

글이 얼마나 좋았으면 거기에 몰입되어 착각했을까 싶었다. 자신도 알지 못한 도둑글이 아닌가. 모방 아닌 것이 있으랴. 다만 그것을 가져온 불순한 의도를 고스란히 내보이지 말자는 것. 온전히 나의 것으로 재창조하자는 것. 그것이 ‘훔쳐 옴’에 대한 미안함과 자책감을 극복하는 길이다.

자기만의 개성과 특성을 가진 영화감독 21인의 인터뷰를 정리한 『거장의 노트를 훔치다』를 여기선 일곱 명만 축약해서 옮겼다. ‘자기만의 방식’은 고독한 길이다. 그 고독한 길에는 누구도 동행할 수 없다. 자신이 선택한 길은 옳은 길이었고, 그리하여 그들이 만든 영화는 큰 울림을 주기에 충분했다. 이들의 공통된 특징은 진부함을 깨트린다는 것이다. 누구를 위한 것이 아니라 자신을 위해 영화를 만든 감독들이다.

자기만의 방식으로 작품을 만들어 낼 때 필요한 것은 자신의 관점, 직관, 결단력 같은 것이다. 나는 이 책에서 글을 쓰는 작가들의 태도가 어떠해야 하는지를 살펴보게 되었고, 예술의 창조성이 그렇듯 영화도 문학도 맥락은 같다고 생각한다.

자기만의 개성과 색깔을 드러내야 할 작가에게 '훔친다'는 말은 기존의 것, 전통적인 것으로부터 창조적으로 재해석하고 가공하는 일이다. 내놓고 표절하는 파렴치와는 엄연히 다르다.

엉덩이로 글쓰기

"작가들은 많은 시간을 홀로 보내야 한다. 글 쓰는 일은 육체적인 과정이지 지적인 과정은 아니다. 글을 잘 쓰기 위해서는 완전한 고립 속에서 많은 시간을 보내야 한다."

_ 칼 이글레시아스의

『할리우드에서 성공한 시나리오 작가들의 101가지 습관』

"시는 영감으로 쓰고, 소설은 엉덩이로 쓴답니다."

그는 농담으로 진실을 이야기하는 습관이 있다. 매번 화답하는 웃음 속에는 '그렇지 맞아' 맞장구가 있다.

"다른 글은 안 그러나, 역시 엉덩이지."

좋은 시나리오는 대부분 90퍼센트의 땀과 10퍼센트의

영감으로 만들어진다고 한다. "나는 의자 작가다." 즉 "바지와 엉덩이 부분을 의자에 대고 글을 쓰는 작가다"라고 저자가 머리말에서 한 말이다. 이 특별한 책은 많은 시나리오 작법 책들이 꽂혀 있는 책장 중에서도 '반드시 읽고 또 읽어야 할 책'들을 모아 놓은 곳에 꽂아 두어야 한다고 말한다.

작가가 되려는 사람, 장르가 무엇이든 좋은 글을 쓰고 싶다면 시인이자 비평가인 니위 오순다레(Niyi Osundare)의 말을 귀담아들을 필요가 있다.

"글 쓰는 일을 받아들여 습관으로 만들고 그 습관이 강박관념이 되기 전에는, 그 사람은 작가가 아니다. 글 쓰는 일은 강박관념이 되어야 한다. 그것은 말하고 잠자고 먹는 일처럼 본질적이고 생리적이며 심리적인 것이 되어야 한다."

어쩌다 짬을 내서 적는 글은 그야말로 취미다. 취미생활의 일부다. 모름지기 작가는 꾸준함과 끈질김이 기본, 여기 책의 시나리오 작가들이 들려주는 글쓰기의 비법은 그 둘에서 시작한다.

본질적 고독

"작품-예술작품, 문학작품-은 완성된 것도 완성되지 않은 것도 아니다. 작품이 말하는 것, 그것은 절대적으로 작품은 존재한다는 사실 그것뿐이다."

_ 모리스 블랑쇼의 『문학의 공간』

인간은 본질적으로 고독하다. 아무리 풍족한 삶을 살고 죽을 만큼 사랑하는 사람이 있다 해도 머릿속까지, 뼛속까지 채워 줄 수는 없기 때문이다. 고독의 최상위층에 자리한 작가는 어쩌면 스스로 고독을 즐겨야만 하는 사람 아닐까. 즐긴다는 말이 모순으로 들리겠지만, 어차피 고독에 휩싸인다면 온전히 쓸쓸한, 처절한 기쁨으로 받아들여야만 하지 않은가.

스스로 고독한 늪으로 빠져드는 사람, 대체로 낮보다 밤을, 밝음보다 어둠을, 풍요보다는 결핍에 더 진지한 시선을 두는 이가 작가다. 그리하여 문학은 결핍에 대한 보충의 소산이라고도 한다.

그것은 탁월했던 작가를 보면 알 수 있다. 예컨대 톨스토이, 가와바타 야스나리, 피천득, 박목월 같은 작가들은 조실부모하였다. 태생적으로 고독과 상실을 안고 살아가며 글을 썼다. 의미 있는 무엇인가를 글로 표현해 내고 전달하려는 일이 결코 쉽지 않다. 과일 속 씨앗처럼 홀로 견디어야 한다. 그러므로 작가는 고독을 견디는 사람, 블랑쇼는 그 견딤을 '몰입'이라 한다.

작가는 작품을 쓴 이후에도 고독한 상황으로 밀려난다. 나를 떠난 작품은 이미 내 것이 아니므로 작품이 존재하는 그 순간부터 죽는다고 하는 말이 이해가 된다. 작품을 쓸 때의 고독과 쓴 다음의 고독, 이 두 가지는 작가에게 주어진 운명처럼 따라다니게 된다. 하나의 작품이 끝날 때, 다시금 최초의 상태로 돌아와 다시 붓을 챙기고 새로운 임무를 찾는 것이리라.

댄디즘

"댄디즘은 사회적이고 인간적인 동시에 지적인 것이다. 댄디즘은 저 혼자 걸어 다니는 한 벌의 옷이 아니다. …댄디즘을 이루고 있는 것은 옷을 입는 특별한 방식이다."

_ 재커리 심슨의 『예술로서의 삶』

댄디즘(dandyism)은 영국과 프랑스 상류층에서 일어났던 하나의 사조다. 무게와 깊이를 고려하지 않고 세련된 멋, 치장을 주로 고려함으로써 일반 계층 사람들에게 과시하는 태도를 나타낸다. 타인과 자신을 구분 짓는 행동양식으로 우월한 인간이나 정신적 귀족주의를 누리고 싶어 하는 열망의 표출이었다. 그것이 '예술작품과 예술가를 모범으로 삼는 자기 표현의 방식'으로 진화되었다는 것은 댄디가 예술로서의 삶뿐만 아니라 일상의 삶 속으로 깊숙이 들어와 있음을 말해 준다.

그리하여 현실과 유리된 소수 예술가들의 독점물이 아니라 유행의 물살을 타고 대중의 일상생활에 깊숙이 침투해 들어와 문화적 사회적 현상으로 위력을 발휘하고 있다. 즉 자신만의 개성 있는 댄디즘으로 자리잡고 있다.

명품 브랜드가 아니어도 조화롭게 코디하는 패션 스타일이 오히려 신뢰와 안정감을 주는 데 하등 어색함이 없듯, 꾸민 듯 꾸미지 않은 듯한 모습이 오히려 소박한 아름다움으로 표현되기도 한다. 그것은 '우월한 인간'과는 거리가 먼 누구나 할 수 있는 보편적인 행위로도 가능하다. 미셸 푸코의 말대로, 개성을 토대로 누구나 '자신을 하나의 예술품으로 창조'할 수 있게 된다는 것이다.

사람마다 개성도 다르고 성격도 다르듯, 각자는 선천적이든 후천적이든 주어진 재능과 탁월함이 있다. 그것은 남과의 구별됨을 뜻하지만 내면에는 그것이 남과의 차별로 비치고 싶은 것도 사실이다. '난 너와 달라'가 그것이다. 개성의 다름이 아니라 우월성으로 존재하고 싶은 욕구다. 하기야 그런 욕구가 없다면 발전도 없다. 다만, 구별이 차별로 혼동되어 다른 대우를 받고 싶은 것이라면 이야기는 달라진다.

예술작품이나 문학작품에 있어서도 장르의 특성뿐만 아니라 자신만의 캐릭터가 있게 마련이다. 그것을 살리지 못하고 두루뭉술해서는 훌륭한 예술가나 작가가 될 수 없다. 말하자면 나만의 댄디즘을 지녀야 한다. 그것이 예술 분야 전문가가 아닌 평범한 소시민이라 하더라도 자신만의 개성 있는 삶의 모습을 연출하는 데 필요하기 때문이다.

나만의 댄디스트를 꿈꾸고 자기애의 삶을 만들어 나갈 때, 그 자체로 하나의 예술이 되지 않을까 싶다.

손수건 있니?

"'손수건 있니?' 내가 매일 아침 집을 나서기 전, 어머니는 대문에서 꼭 이렇게 물었습니다."

_ 헤르타 뮐러의 소설 『저지대』

헤르타 뮐러는 2009년 노벨문학상 수상 연설에서 청중들에게 "당신은 손수건이 있나요?"라고 물었다. 매일 아침 집을 나서기 전 그녀의 어머니가 던지던 질문이었고, 그 질문은 말수가 적은 시골 사람들에게는 간접적인 애정의 표시였다. 그녀는 연설에서 손수건에 얽힌 몇 가지 에피소드를 통해 사랑과 용서 그리고 치유를 이야기했다.

"손수건 있니?"

지나가듯 던진 무덤덤한 이 말은 애정과 사랑을 담은 어머니의 물음이었다. 애정은, 혹은 사랑은 달리 설명할 필요도 없고 구구절절 읊을 필요도 없다. 수식 없이도 알아들을 수 있다면, 그것은 이미 사랑을 간파하고 있다는 것이다. 그것을 알기까지 시간은 좀 걸리지만. 아예 그조차 느끼지 못하다가 뒤늦은 어느 날 불쑥 그것이 사랑이었음을 깨닫는 후회도 있다.

'손수건 건넴'의 의미를 생각해 본다면, '너의 더러움을 항상 닦아 내고 싶다' 혹은 '너를 청결하게 지켜 준다'거나 항상 몸에 지니면서 확인하는 사랑일 수도 있다는 것이다.

초등학교 입학식 날 어머니가 교복 저고리에 핀으로 찔러 준 손수건은 하루의 안녕을 기원하는 마음이었다. 내 작은 가슴팍을 톡톡 두드리며 달아 주신 그 정표를 지금도 마음에 간직하고 있다. 누군가 서러움에 북받쳐 울고 있을 때, 슬픔을 찍어 낼 수 있도록 건넨 손수건은 고마움이자 따스함이다.

"손수건 챙기셨나요?"

이 물음은, 무심한 듯 확인하는 사랑이지 싶다.

본질에 충실하기

"예술가는 영웅이 아니다. 그러나 예술가는 자신에게 영웅이어야 한다."

_ 월트 휘트먼의 산문 『나 자신의 노래』

『행동하는 예술』의 저자 니콜라스 월터스토프는 예술품에 바로 접근하려면 작품 자체에만 집중하라고 하였다. 그렇잖으면 '의도적 오류'를 범하게 된다는 것. 작품 자체에 집중하라는 말은 실제로 예술품을 행위의 맥락에서 완전히 격리시키라는 권고가 아니라 오히려 한 가지 행위를 우선하라는 것, 즉 작품에 집중하라는 것이다. 이는 문학을 작가, 독자, 세계와 분리시키고 텍스트 자체만을 읽자는

'신비평'의 슬로건과 맥을 같이한다고도 볼 수 있다.

실재적 삶을 드러내고 내적 성찰을 직접적으로 표현하는 수필의 경우, 도덕적 잣대로 평가한다면 살아남을 수 있는 작가가 얼마나 될까. 흔히 그 사람의 됨됨이와 작품은 다르다고 말할 때, 인품과 작품이 같지 않다는 이유로 혹평을 한다. 인품을 작품에 앞세우기 때문이다. 인품 좋고 작품도 좋다면 더할 나위가 없겠지만.

월트 휘트먼의 말대로 훌륭한 작가는 예술가로서 갖추어야 할 특유의 품성이 있다는 것. 그것이 혹 까칠함이나 타인과의 교류 부적응이거나 괴팍함이라 할지라도 말이다.

언젠가 원로 작가의 애정 어린 푸념을 들은 적이 있다.

"성격은 못됐지만 욕을 할 수가 없어. 글을 잘 쓰잖아. 작가는 글로 평가하는 거야."

까칠한 성격이 못마땅하지만, 글 잘 쓰는 능력까지 함께 매도할 수 없다는 것. 글까지 별로였다면 그 제자는 벌써 눈밖으로 밀려났을 것이다. 그러나 자기 글에 대한 혹독한 자기 평가는 철저했을 것. 그렇다면 작가의 자질, 작가로서 갖추어야 할 품성만은 월등하다는 의미로 받아들여도 될 것이다.

이야기하는 기술

"어떤 이야기를 재현할 때 그 이야기에 설명을 덧붙이지 않는다면 그로써 이야기하기의 기술을 반쯤은 이미 이룬 거나 다름이 없다."

_ 발터 벤야민의 『사유이미지』

정보는 적시성이 생명이다. 특히 시사적(時事的)일 때 더욱 그러하다. 각종 매스컴이나 인터넷에서 유통되는 정보들에 대해 각별한 주의가 요망되는 까닭이다. 진위 여부도 문제가 되지만, 어느 한쪽으로 편향된 정보는 객관성을 잃어버리는 오류를 범할 수 있기 때문이다.

이야기는 정보의 나열과는 다른 의미가 있다. 한시적이

아니라 지속적인 효용성을 갖기 때문이다. 예컨대 성경의 예수의 말은 비유와 은유를 구사하는 이야기들이다. 그렇기 때문에 2천 년이 지난 오늘날에도 시대를 초월하여 해석하고 적용할 수 있는 융통성을 지니게 된다. 물론 다양한 해석이 가능하다는 의미에서 보면 꼭 바람직하지는 않다. 비유와 은유를 어떻게 이해하고 해석하느냐에 따라 종파가 늘어나고 서로 반목하기도 하니까 말이다.

이야기를 재현할 때 일일이 설명을 덧붙이지 않고 제시만 해도 그것을 읽는 독자들은 이미 상상과 느낌, 감정으로 알 수 있다. 묘사만으로도 충분한데 구태여 설명까지 하면 읽는 사람을 짜증나게 할 수 있다. 영화의 마지막 신(scene)에 의도적으로 부여한 의미와 무엇이 다른가. 전체적인 장면이나 흐름으로 보아 관객 스스로 내리는 의미가 더 효과적이지 않은가.

설명하지 않은 부분, 그것을 통해 얻는 어떤 발견과 깨달음. 모든 예술과 문학에 필요한 조건이다. 이야기하는 기술 또한 그렇다.

훌륭한 작가

"훌륭한 작가는 자기가 생각하는 것 이상을 말하지 않는다."

_ 발터 벤야민의 『사유이미지』

훌륭한 작가의 조건이란 생각하기에 따라 수없이 많다. 문장력을 갖추었다고 해서 훌륭한 작가가 되는 것은 아니다. 자신만의 독창성으로 독자와 잘 소통하는 사람이 좋은 작가다. 그러기 위해서 쓰고자 하는 주제에 몰입한다. 키스를 하면서 눈을 껌벅이거나 다른 생각을 하지 않는 것처럼 말이다.

착상이 많아 그 속에서 기력을 탕진하는 것은 뷔페식당에서 욕심을 부려 제한된 접시에 많은 음식을 한꺼번에 담는 것과 같다. 한 접시에 한두 가지만 담아 맛있게 먹고, 그다음 접시에 또 다른 음식을 담아 먹음으로써 음식의 맛을 느낄 수 있다. 한 가지 주제의 글에서도 이런저런 생각을 다 보태어 담으려다 보면 결국에는 주제가 흐려지게 된다.

작가란 자신이 말하고자 하는 이야기를 들려주는 사람이다. 그러기 위해서는 자신이 무슨 말을 하려는지 분명해야 한다. 최소한 전달하고자 하는 감정과 느낌의 실체는 확실히 파악해야 한다는 말이다. 애초의 생각에 새로운 시도를 해서는 안 된다는 말이 아니라, 정해진 스토리 맥락 안에서 그런 시도가 이루어져야 한다는 것이다.

간혹 작가의 개인적 품성을 말하는 사람이 있다. 모든 작가가 품격 있는 것은 아니다. 작가는 오로지 작품으로 말한다. 예술과 품성이 일치되면 좋겠지만, 삶과 예술이 동일한 것만은 아니기 때문에 전혀 다를 수 있다. 어쩌면 인간의 불완전성이 예술을 탄생시키는 것일지도 모른다. 그러기에 중요한 것은 예술가는 예술의 본질, 즉 창조적인 영감을 지녀야 한다. 독자는 이 점을 인정하고 그가 만들어 낸 텍스트 자체에 집중해야 한다.

문학상에 대하여

"후세에 남는 것은 작품이지 상이 아닙니다. 한 편의 작품이 진실로 뛰어나다면 합당한 시간의 시련을 거쳐 사람들은 언제까지나 그 작품을 기억에 담아 둡니다."

_ 무라카미 하루키의 『직업으로서의 소설가』

"○○○ 선생님, ○○문학상 수상자로 선정되었습니다. 축하합니다."

문학상 소식은 이처럼 어느 날 문득 기별처럼 받아야 한다는 어느 원로 작가의 말을 상기해 본다. 뒷말이 무성한 문학상에 대한 비판일 수도 있는 그의 말에 공감한다. '상을 받아 마땅한 사람'이라고 인정받지 못하는 상은

상 자체의 격을 떨어뜨린다.

하루키는 문학상 자체에 대한 불신보다는 그것을 넘어서는 작가의 자세를 말하고 있다. 그는 권위를 자랑하는 '아쿠타가와상' 후보에 두 번 오른 적이 있지만 수상하지 않았다. 문단과 거리를 둔 작가의식이 오늘의 그를 만들었는지도 모른다.

그러나 문예지 『군조』에 응모한 소설 「바람의 노래를 들어라」로 신인상을 받았을 때는 그 상이 작가로서의 '입장권'이라 생각, 기뻤다고 한다. 상을 받아 버리면 '쓸데없는 짐을 짊어지는 일'이 될지도 모른다는 그의 생각이 상에 목맨 어리석음을 돌아보게 만든다.

시인과 수필가가 넘쳐난다. 셀 수 없이 많은 문학상들이 문단을 어지럽힌다. 탈도 많고 말도 많다. '장삿속'이라는 말이 공공연하게 들리기도 한다. 줘서 가치 있고, 받아서 보람 있는 상이 아니면 주지도 받지도 말아야 한다.

삶의 후반기에 여기(餘技)로 글 쓰는 것은 좋은 일이다. 퇴폐적 놀이에 빠지는 것보다 훨씬 사회적으로 건강하고 바람직한 일이니까.

그러나 일생을 바쳐 일가(一家)를 이룬 전업 작가의 흉내를 함부로 내서는 안 된다. 문학상이 난무하는 것은 이들의 욕심도 한몫한다.

생각(思)

인간이라는 직업

"우리는 인간으로 태어나는 것이 아니라 만남과 수많은 기회와 내면적 길에 들어서고자 하는 결심 덕분에 인간이 되어 가는 것입니다."

_ 알렉상드르 졸리앙의 『인간이라는 직업』

인간이라는 직업, 개인적 차이는 있지만 수명이 다하는 날까지일 것이다. 다만 얼마나 잘 임무를 수행하는지는 자신에게 달렸다. 육체적으로 정신적으로 건강하게 자신을 지켜야만 하고 또한 타인을 위한 역할도 조화를 이루어 내야만 한다. 그 직업의 고용주는 누구도 아닌 본인, 지적인 직업이 될 수도 있고 험악한 직업이 될 수도 있다. 직업의 질은 자신의 수양으로 빛나는 것이다.

뇌성마비 장애를 갖고 태어난 알렉상드르 졸리앙. 불편과 고통과 난관에 수없이 부딪히면서 그는 내면에 잠자고 있던 인식에 대한 강렬한 갈증을 느껴 철학에 빠지게 되었다고 한다.

그가 말하는 인간이라는 직업의 조건은 자신을 돌보는 것이라고 한다. 그리고 그 몸은 좋은 것으로 덧입히는 것뿐만 아니라 몸에 해로운 짓을 하지 않는다는 것, 즉 정신적으로 건강해야 한다는 것. 마지막으로 타인도 자신처럼 돌보는 것이라고 강조한다. 이 일련의 과정을 견뎌야 하는 인생이 바로 일터인 것이다.

인간은 완성된 존재로 태어나는 것이 아니라 감내해야 할 삶의 과정에서 인간이 되어 간다고 말하는 것은, 바로 삶의 고통을 통해 앎을 터득하는 것과 다름이 아니다. 태어나는 조건과 인간이 되어 가는 과정은 모두 다르다. 하지만 그들 모두 인간이라는 주어진 직업을 받아들이고 나날의 삶의 투쟁을 즐겁게 치르면서 기쁨을 향해 나아가기를 희망한다.

참된 선의

"자기와 비슷한 대상에게 잘 대해 준다는 것은 아무런 미덕도 아니다. 인간의 참된 선의는 아무런 힘도 지니지 않은 사람들에 대해서만 순수하고 자유롭게 베풀어질 수 있다."

_ 밀란 쿤데라의 『참을 수 없는 존재의 가벼움』

기분이 좋을 때는 너그러운 마음이 생긴다. 마음은 물론 물질을 베풀기도 하고, 말 한마디라도 친절하고 곱게 한다.

참된 선의란, 현재의 컨디션을 떠나 일관된 마음을 갖는 것에 있다. 상대가 힘들 때 선의를 베풀면 그만큼 더 빛을 발한다. 특히 힘없는 타자에게 순수한 선의를 베푸는 일은 최고의 선이며 사랑이라 할 수 있다.

갚을 길이 없는 사람들에게 친절을 베푸는 것을 최고의 선이라 이르는 성경 구절을 읽은 적이 있다. 내가 베푼 만큼 갚음을 받을 수 있는 사람보다 갚을 것이 없는 사람에게 베푸는 것이야말로 참된 선의라 말한다. 그러나 말처럼 쉽지 않다. 그것이 쉬웠으면 인류는 투쟁하며 불안해하지 않을 것이다.

강아지(개라고 부르기는 좀 그렇다)의 평균 수명이 십사오 년쯤 된다고 한다. 좀 더 건강하다면 이십 년까지 수명을 얻기도 한다. 인간의 반려가 된 지 오래되었다. 그러나 마냥 사람과 함께 할 수는 없다. 사람 수명의 시계보다 더 빨리 가기에, 언젠가는 마지막을 겪어야 하는 슬픔이 있다.

마찬가지로 늙어 감에 따른 병치레도 있다. 심하게는 암이 생겨 힘들어하고 때로 응급처치를 받곤 한다. 잘 듣지도 잘 보지도 잘 먹지도 못하는 그들은 주인의 손길에 의지할 수밖에 없다. 명이 다할 때까지 돌보겠다는 견주의 마음은 사랑이다. 그들의 반려는 장난감처럼 가지고 놀다가 병들면 버리는 '애완'과는 엄격히 구별된다.

사랑에 대하여 말하기는 매우 힘들다. 그러나 사랑에 대해 말하고 행동하기를 멈추어서는 안 된다. 그것이 어떤 대상이든 사랑만이 우리 삶의 궁극이기 때문이다.

사랑에 대하여

"모든 사랑은 누군가에게 '나는 너를 사랑해'라고 말하는 그 안에 존재합니다."

_ 장뤽 낭시의 『신 정의 사랑 아름다움』

사랑을 어떻게 말할 수 있을까. 그 우주적 신비를 감히 정의할 수 있을까. 그러나 분명한 것은 사랑의 감정이 없는 인간의 모습은 상상할 수 없다는 것이다. 우리 삶에 뿌리 깊이 존재하는 수많은 사랑의 이미지를 떠올려 본다.

진정으로 "사랑해"라고 말했다면 그것은 내게 있어 그 사람이 유일한 존재이기 때문일 것이다. '유일'은 내가 선택한 그 사람의 전체를 말함이며 동시에 나도 유일한 사람으로 인식되기를 원한다는 이중의 의미를 내포하게 된다.

사랑하는 대상이 있다는 것과 그 사람을 가진 것의 관계에서 보면, 소유보다 그가 존재한다는 사실이 훨씬 중요하다고 말한다. 육체와 영혼의 완벽한 결합이 희열과 기쁨으로 안내하는 지름길이기도 하지만, 사랑하는 사람이 존재한다는 그 자체만으로도 이미 훌륭하다. 그런 사람이 있다는 것은 서로 의지할 언덕이 있다는 의미이기도 하다. 보이지도, 만질 수도, 가늠할 수도 없는 사랑이 모든 삶의 힘으로 작동하고 있음은 분명하다.

가끔 죽음까지도 불사할 수 있다는 사랑의 감정마저도 신이 내린 축복이 아닐 수 없다. 사랑은 주는 것임과 동시에 받는 것이란 사실이 삶을 열정과 기쁨으로 충만하게 한다. 매일 아침 눈을 뜨면 고백하는 "사랑해" 그 한마디는 그에게 보내는 메시지이면서 또한 그로부터 다짐받고 싶은 말이기도 하다.

사랑이라는 절대적 가치 없이 어떻게 험난한 세상과 지난한 일상을 살아낼 수 있을까. 절대적인 만큼이나 사랑은 난해하기도, 어렵기도, 때론 위험하기도 하다. 그럼에도 사랑은 그 모든 것을 뛰어넘는다. 사랑의 위대함이다.

사랑하는 사람은

"사랑하는 사람은 애인의 실수, 여성스러운 변덕이나 약점에만 연연해하지 않는다. 어떠한 아름다움보다 그의 마음을 더욱더 오래, 더욱더 사정없이 붙잡는 것은 얼굴의 주름살, 기미, 낡은 옷, 그리고 기울어진 걸음걸이다."

_ 발터 벤야민의 『일방통행로』

미안한 말이지만 우리는 사랑에 서툴다. 사랑에 대한 지혜가 부족할 뿐만 아니라 미숙하고 제한적이기도 하다. 자신이 사랑에 무지한지를 모른다. 그 무지가 사람을 잡을 수도 있다. 그럼에도 사랑한다고 착각하는 경우가 많은데, 그것은 평소 사랑에 대해 공부하거나 연습해 본 적이 없어서다. 사랑을 규정하거나 실천하는 것은 절대로 만만치 않다. 쉽게 풀기 어려운 난제이기 때문에 사랑도 공부가 필요하다.

사랑은 받아서 행복하지만 주면 더 행복해진다. "겨울철 따스한 볕만 보아도 님에게 비추고 싶고, 봄미나리 살진 맛을 님에게 보내고픈" 마음이 사랑이다. 좋은 걸 보면 제일 먼저 떠오르는 것이 님이다.

오래된 친구가 좋듯 오래된 사랑이 좋다. 젊으면 젊은 대로, 늙으면 늙은 대로, 그 모습 그대로 변함없어야 진정한 사랑이다. 노을빛 서녘을 바라보면 사랑하는 이가 더욱 애틋해지는 것처럼, 나이 들고 약해질수록 더욱 돈독해지는 것이 사랑이다.

사랑을 받으면 모든 것이 좋아진다. 말 못하는 짐승들도 안다. 반려동물도 사람에게 버림받으면 우울증에 걸리고 거식증에 걸리고 심하면 생을 포기하는 수도 있다니까 하물며 인간은 어떻겠는가.

사랑받는 아이가 건강하다. IQ75 이하를 '경계성 지능장애'라고 한다. 그러나 모자란 지능도 사랑을 받으면 지수가 올라간다는 연구 결과가 있다. 그만큼 사랑의 힘은 크다. 누군가 나를 진정 사랑한다고 할 때, 어떤 고통도 근심과 재앙도 이겨 낼 힘이 생기는 것은 그 때문이다.

사랑도 기술이어서 어려서부터 배우고 익혀야 한다. 좋을 때만 사랑이 아니라 힘들고 어려울 때도 변함없는 것이 사랑의 진정성이다.

건설적인 분노를 위하여

"지금 이 세계가 나아가는 모양새를 보고도 분노하지 않기란 보통 힘든 일이 아니다. 모든 것이 엉망진창 뒤죽박죽인 상황이다. 이에 분개한다고 해서 그것이 늘 저항으로 이어지지 않는다. 저항은 상황에 따라 유용할 수도 있고, 쓸모없을 수도 있다."

_ 피에르 라비의 『자발적 소박함』

정당의 제일 목표는 정권 창출이다. 그리하여 모든 수단과 방법을 동원해 정권을 잡고 권력을 잡으려고 한다. 그들은 저항이라는 그럴듯한 이름을 내세워 대중을 끌어들이고 정의라는 명목하에 대중을 이용한다. 그렇게 잡은 정권은 저항으로 얻어진 순수한 결과로 믿고 싶어 한다. 그러나 권력에 길들여지면 대중을 잊고 대중의 바람을 저버린다. 대중의 불안과 저항을 적당히 이용한 안주. 분개는 저만치 사라지고 없다.

라비는 그 어느 때보다도 '의식의 반란'을 호소한다. 그것은 물질욕의 위력에 맞서는 절제의 위력에 기반한 실천적인 정치운동을 말한다. 우리의 자유의지가 주체적으로 작용할 수 있는 소우주 건설이 얼마든지 가능하며, 그것이 세상의 변화를 위해서도 필요하다고 역설한다. 더 이상 돈에 전적으로 의존하지 않기 위해 노력하지 않는다면 결코 돈의 노예 상태에서 벗어날 수 없다. 그러기 위해서라도 소박함의 가치가 절대적으로 필요하다고 말한다.

때때로 사람들은 '심플 라이프'니 '미니멀 라이프'를 외치기도 하지만 지속적인 체화(體化)는 쉽지 않아 보인다. 과도한 풍요가 주는 영혼의 결핍, 그것을 해결할 수 있는 길은 자발적 소박함에 있다. 돈과 도구의 노예가 된 인간성을 회복할 수 있는 길은 무엇일까. 어쩌면 '적은 것이 행복'인지 모른다. 그것을 실감하고 실천하는 의지만 있다면 말이다.

게으름에 대하여

"근로가 미덕이라는 믿음이 현대 사회에 막대한 해악을 끼치고 있다. 따라서 행복과 번영에 이르는 길은 조직적으로 일을 줄여 가는 것이다."

_ 버트런드 러셀의 『게으름에 대한 찬양』

게으름을 피울 수 있는 사람들은 대체로 안락한 생활자들이다. 이들은 게으름을 피워도 좋을 만큼 운 좋은 사람들이다. 투잡, 스리잡을 해야 겨우 먹고 사는 현실. 외벌이로 모자라 맞벌이를 해야 하는 사람들에겐 한가한 말로 들릴 수 있다. 열심히 일해도 자신과 가족의 생계에 필요한 정도밖에 생산할 수 없다.

그럼에도 러셀의 말은 "과연 무엇을 위해 우리가 질주해 왔는지"에 대한 근본적인 의문을 제기한다. 게으름을 찬양하는 목적은 즐겁고, 가치 있고, 재미있는 활동을 누구나 자유롭게 추구하는 세상을 만들고자 하는 데 있다. 게으름이 그저 빈둥빈둥 노는 것으로 비치는 것이 아니라 사색을 하고, 마음을 가볍게 하고, 자신이 선택한 일에 전념하게 하는 데 있지 않을까.

"타인에게 일을 시키는 사람만이 노동의 가치를 찬양한다"고 말하지만, 그것을 수용하는 쪽에서의 태도도 매우 중요하다. 단순히 노동의 도구로만 생각하지 않는다면 그 안에서도 여유는 찾을 수 있지 않을까 싶다. 노동의 속박에 갇히느냐 아니면 자유로워질 것인가 하는 선택은 오로지 각자의 몫이다.

나무의 가르침

> "나무는 인격을 갖춘 스승이다. 수백 년을 살아온 나무 앞에서 인간의 장수는 이야깃거리가 되지 못한다."
>
> _ 월트 휘트먼의 산문 『나 자신의 노래』

많은 사람들이 나무에 대해 예찬했다. 월트 휘트먼 외에도 이양하의 『나무』, 헤르만 헤세의 『고독하고 의연한 나무들』, 임어당의 『돌과 나무에 대하여』 등이 그것이다. 내용이 상통하는 바가 크다.

나무의 터전인 숲은 휴식과 치유의 장소가 되기도 한다. 쉴 휴(休)를 파자(破字)하면 인간이 나무에 기대어 있는 모습이다. 휴식을 한다는 것은 인간이 나무에 기대어

쉰다는 의미다. 그만큼 인간은 숲과 뗄 수 없는 관계다. 미국에서 말기 암환자에 대한 마지막 처방이 국립공원으로 보내는 것도 숲을 최후의 치료소로 보았기 때문이다.

인도 힌두교의 옛 풍습에는 50세가 넘은 남자는 임서기(林棲期)로 살게 하는 습관이 있었다. 그동안 가족을 부양하고 사회적 책임을 다했으므로 가정을 떠나 숲속에서 홀로 나무와 벗하며 살라는 그들만의 규율이었다. 어쩌면 생식과 사냥의 임무가 끝난 늙은 남자는 가정에 짐이 된다는 현실적 의미도 포함된다고 볼 수도 있다.

이양하는 나무를 훌륭한 견인주의자(堅忍主義者)요, 고독의 철인(哲人)이요, 안분지족(安分知足)의 현인(賢人)이라고 극찬했다. 아무튼 지배자처럼 자연 위에 군림하려는 인간의 오만을 잠시나마 내려놓게 하는 것이 나무가 아닐까 한다.

나무는 자신의 존재에 대한 의문을 품지 않을 뿐만 아니라, 완고한 평정심을 갖고 있기에 작가는 나무를 사랑한다고 했다. 그리하여 방관자적 자세를 최고의 도덕이라 예찬했다. 나무를 스승으로까지 의인화한 그의 통찰이 새삼 돋보이는 작품이라 할 수 있다.

시간의 선로들

"역사는 좀 더 뒤에, 이미 과거가 되어서야, 전체적인 연결 관계가 몇 년 후 연대기에 기록되고 확립되면서 사건에 그 가치와 역할을 부여하고 나서야 그 현실성을 획득한다."

_ 클라우디오 마그리스의 『다뉴브』

역사에 대하여 말할 수 있는 식견은 내게 없다. 다만 체감하는 느낌으로 말하자면, 우리는 지난 일에 대한 평가에 너무 성급하다는 생각이다. 한 세기까지는 아니더라도 단 몇 년을 기다려 주지 않고 결론을 내린다. 그 저변에는 권력이 작동한다. 정권을 장악한 승자의 오만함이 자신들만의 정의를 만들어 내고, 정당성을 확보하고자 지난 역사를 단죄한다. 그러니 역사의 지속성은 사라지고 정권의 정체성은 권력을 장악한 시기에만 유효하게 된다.

정권에 따라 바뀌는 악순환의 연속. 마치 역사는 피아(皮我)에 따라, 진영에 따라 파괴할 수 있는 것처럼 부정해 버리기 일쑤다. 근현대사의 공과(功過)가 공정한 평가를 받지 못하는 것은 이 때문이다. 과거를 올바로 평가하고 미래를 설계해야 하는데, 미래는커녕 과거를 발목 잡아 분열을 일삼고 국력을 낭비시킨다.

그런 의미에서 마그리스의 견해는 설득력을 갖는다. 순수한 현재에 역사는 없다는 말은 시간이 지난 후에 뒤돌아보고 냉정하게 살펴 평가해야 한다는 말이다. 그럴 때 교훈으로 삼아야 할 역사를 공정하게 세우고 당당하게 다음 세대를 가르칠 수 있다. 그것이 역사적 존재로서의 현명한 인간이 가져야 할 자세라고 본 것이다. 굳이 현명하지 않더라도, 역사는 평가의 대상이지 청산의 대상이 아니라는 상식만 견지한다면 극심한 반목은 덜하지 않을까?

연습

"전날 베개 밑에 깔고 잔 책의 내용을 아침에 일어나 훤히 다 외우고 있는 학생, 잠결에도 하인에게 할 이야기를 전달하는 주인, 이렇게 휴식이 창조적이 되도록 하는 것이 모든 대가(大家)다움의 알파와 오메가이자 그것의 특성이다."

_ 발터 벤야민의 『사유이미지』

해피 바이러스라는 별명을 가진 한 예술가를 알고 있다. '꿈과 행복이 있는 음악회'를 이끌고 있는 김정택 예술단장이다. 그는 전국 어디든 마다하지 않고 피아노 연주와 함께 즐겁고 감동 넘치는 무대를 선물한다.

그가 지닌 예술혼은 '한 번 더'다. 연습만이 기적을 만든다는 그는 백척 장대 끝에서도 한 걸음을 더 내디디라고 가르친다. 기진맥진 지칠 때, 한 번 더 몸을 일으켜 내딛는 그 한 걸음에 비로소 예술은 아름답게 피어난다고 했다.

반복은 습관을 낳고, 그 습관이 몸에 기억된다. 인간의 본성에는 게으름이 있다. 그래서일까 끊임없이 '백척간두진일보(百尺竿頭進一步)'가 성공의 지름길이라고 가르쳐 왔다.

이 말에 비하면 '게으름'은 성공을 망치는 길이다. 하지만 그른 일에 부지런한 것도 문제가 된다. 연습은 선이라고 판단되는 것에서 반복될 때 성취 혹은 성공이라 부른다.

인생의 가을

"노인은 나이를 먹으면서 비로소 시간을 되돌릴 수 없음을 깨닫는다. 흔히 '인생의 가을'이라고 말한다. 참으로 사랑스런 메타포다!"

_ 장 아메리의 『늙어 감에 대하여: 저항과 체념 사이에서』

노인을 '인생의 가을'에 비유한 것은 다시는 오지 않는 가을을 의미한다. 가을, 겨울, 봄, 여름, 그리고 또다시 가을은 젊은이들이 말하는 가을이다. 노인에게 있어 '다시는 오지 않음'은 죽음을 바라보며 느끼는 두려움의 뿌리다.

되돌릴 수 없는 시간 속에 홀로 서 있는 그 외로움을

어떻게 말로 다 표현할 수 있을까. 혹여 노년의 지혜와 행복이라는 말 따위로 치장하는 것은 자기기만 가운데 가장 비극적인 기만이라는 장 아메리. 그는 가장 현실적인 시선으로 늙어 감을 바라본다.

늙어지는 것은 싸워야 할 전선이 늘어나는 것. 질병, 육체적 쇠약함과의 투병이다. 몸은 자꾸 무거워지고, 어두워지고, 우울하다. 만만치 않은 강적들이다. 그래도 싸워야 한다. 싸우다 지는 것이 부끄러운 건 아니다. 정작 부끄러운 것은 싸우지 않는 것이다. 싸우지 않고 백기 먼저 드는 것은 인생에 대한 항복이다. 두려움에 나를 오로지 내주는 것, 진짜 지는 것이다.

나이 저물어 감을 인정하기

"인간이 성장과 소멸이라는 법칙에 따라 지배되는 자연의 일부라는 사실을 애써 저항하지 않는 거예요. 이것은 자연을 신비화하거나 본질을 흐리는 생각이 아니라 매우 이성적인 개념이라서 당신의 과학자적인 관점에 오히려 더 들어맞을 거예요."

_ 피터 비에리의 『삶의 격』

늙어서야 진정한 시간의 소중함을 발견한다. 시간의 행보라는 것이 늘 균일하지 않아서 때로는 오랜 고통이, 또 때로는 희미한 희망으로 다가오기도 한다. 이미 쌓인 시간 안에서 안주하며 추억하고 머무르기엔 살아낸 시간들에게 빚지는 아쉬움이 남는다.

우리 모두는 각기 다른 삶의 형태로 살아왔고 그것이 각자의 정체성으로, 품격으로, 존엄으로 체화되었다. 남들이 나를 어떻게 대하는지 눈치를 살필 나이는 아니다. 무엇보다 내가 나를 어떻게 대하는지 살펴봐야 할 때다. 자신을 사랑하고 존귀하게 여기는 마음이 우선이다.

그러니 늙어 감을 '굴욕'으로 생각할 필요가 없다. 자연의 순리에 따라가는 것, 늙음과 싸워 보겠다는 몸부림은 당연하지만, 그래서 어느 정도 극복할 수 있는 것도 있겠지만, 결국은 시간의 손을 들어줄 수밖에 없다. 그렇지만 늙어 감에 대항하는 만용이라도 가끔은 부리고 싶어지는 게 인간이다.

전기톱

"19세기에 베어 낸 나무의 양은 빙하기 10만 년 동안 죽어 간 양보다 많았다. 우리는 도끼와 톱으로 숲을 난도질하여 노새와 화차로 실어 날랐다. 헐벗었다가 다시 푸르러진 숲은 크기가 줄어들었으며 난도질의 여파로 생물 다양성이 줄었다."

_ 데이비드 조지 해스컬의 『숲에서 우주를 보다』

전기톱의 윙윙거리는 굉음은 어디서나 들린다. 가까이는 아파트 단지에서, 거리의 가로수에서, 그리고 울창한 숲에서도 나무의 살점이 예리한 톱날에 떨어져 나가는 비명은 불안하다.

화단이나 가로수를 관리하는 것이야 쾌적한 환경을 위해 필요한 일이다. 하지만 그것이 농업 생산성과 효율적인 산림 관리라는 허울로 베어지는 숲이라면 문제는 달라진다.

지구의 허파라 불리는 아마존 밀림의 훼손이 심각하다고 한다. 숲의 자연 순환을 지켜 주지 못하는 문명의 조급함이 자연과 인간의 거리를 멀게 만들고 재해를 자초했다.

베어 낸 자리에 인공림을 조성한다고 해도 숲을 온전히 복원하기는 불가능하다고 한다. 수십 년이 아니라 수천 년이 걸릴지 모른다고도 한다. 우리는 인간과 숲이 서로 장기적인 안녕을 누릴 수 있도록 사려 깊게 배려하고 관리할 방법을 찾아야 한다.

종교로 인해 짓는 죄

"거짓된 불과 빛으로 자신과 다른 이들을 기만하고, 신으로부터의 비범한 부르심이라는 미명하에 특히 이적을 행하는, 신성한 삶의 정보와 빛, 통로에 대하여 소유권을 주장하는 그토록 많은 수의 가짜 영혼이 어떻게 세상에 출현했는지 아는가?"

_ 올더스 헉슬리의 『영원의 철학』

『예수는 없다』라는 어느 종교학자의 책이 한동안 세간의 반향을 일으킨 적이 있다. 문자 그대로 읽으면 오해할 수도 있지만, 사실 이 책의 제목 앞에 '그런'이란 수식어를 뺐을 뿐이다. 즉 경직된 문자주의와 율법주의에 얽매어 있는 근본주의를 비판하며 교회가 저지른 잘못된 행태를 꼬집은 책이다.

기독교만일까? 그렇지 않다. 스스로를 기만하며 상업주의에 물든 가짜 종교인들은 착취의 수단으로 종교를 이용하고 있다. 크고 작은 물의를 빚고 있는 이들이야말로 종교를 악용한 죄인들이다.

"진리는 단순하나 우리 삶은 애매하다."(강영안의 『철학자의 신학수업』) 그러기에 자질 없는 자들의 그럴듯한 선동에 휩쓸릴 수 있다. 모사품은 진짜보다 더 그럴듯하다. 따라서 때론 '회의적'인 자세를 취할 필요가 있다고 한다. 여기서 회의적이란, 끊임없이 물음을 던지고 의심의 눈초리로 샅샅이 살펴보는 태도를 말한다.

집에 대하여

"인간은 집이라는 따뜻하고 안락한 장소를 구했던 것인데, 첫째로는 육신의 따뜻함을, 다음에는 사랑의 따뜻함을 구했던 것이다."

_ 헨리 데이비드 소로의 『월든』

『월든』은 오늘날 도시의 아파트에 감금되어 있는 사람들, 스마트폰의 노예가 되어 있는 사람들, 자신이 누리는 각종 도구의 도구가 되어 가는 사람들에게 '자아'를 발견할 수 있게 해 줄 훌륭한 길잡이가 되는 책이다. 그가 체험한 삶의 현장에서 단순하고 소박한 삶의 의미를 되새기는 일은 소중하다.

소로는 '미니멀 라이프'의 실증적 체험자였다. 소박한 원시적 삼림 생활을 통해 인습에 구애받지 않은 삶이 가능함을 보여 주었다. 우리는 어쩌면 만성소화불량에 걸린 환자일지 모른다. 질 좋은 음식으로 과식하고 주체하지 못할 가구들에 둘러싸여 있고 자산 가치를 따지는 집에 갇혀 산다. 탐욕의 세계로부터 등을 돌리지 않고 자발적 소박함을 실천하지 못하면, 그로부터 영원한 노예 생활을 벗어날 수 없을 것이다.

물신의 노예나 다름없는 일상이다. 옷장에 옷을 가득 채우고, 두 개 혹은 세 개의 냉장고를 배 불리고, 평생 화장실 숫자를 늘리다 귀한 인생의 시간을 허비하는 것은 아닐까?

소중한 삶에 집중하려면 단순한 삶이 절실해진다. 두 마리의 토끼, 즉 소유에 집착하면서 동시에 자유로운 존재로 살아갈 수는 없다. 집을 주거가 아닌 재산으로 생각하면서부터 인간은 이웃의 집과 내 집을 비교하기 시작했다. 모든 걱정과 병은 비교에서 시작된다.

제2부

나의 시선으로 세상 읽기

사물 돌아보기

도마와 칼

먹는 일은 거룩하다. 소화하고 배설하는 신진대사에 그치지 않는, 나누고 기뻐하는 사건이다. 두레상의 소박한 한 끼든, 바베트가 정성으로 차린 1만 프랑의 만찬이든.* 그러나 그 거룩한 양식을 위해 무자비한 살육이 정당화된다.

타자의 희생이 전제될 때, 음식을 만들거나 먹는 행위는 희생제의(犧牲祭儀)다. 생선과 채소, 동물의 죽음으로 가능한 일이다. 이러한 음식 재료를 썰고 자르고 다지는 칼과 그것을 온몸으로 받아내는 도마는 필수적인 조리도구다. 힘의 논리로만 본다면 이 둘은 물리적 상하 관계 또는 갑을 관계다. 하지만 본질적으로 둘은 협업 관계라

할 수 있다.

무수한 자국을 지닌 도마. 서슬 퍼런 흔적은 칼이 만든 상처다. 도마 위에서 춤춘 칼의 무예는 생각하기에 따라 귀를 부드럽게 간질이는 음악이 되기도 한다. 잠결이지만 선명하게 들리는 또닥거림에 밥솥이 내뿜는 콧김 소리와 물 트는 소리, 가스불을 켜거나 냉장고를 여닫는 소리가 장단을 맞추는 주방의 리듬이다. 일과가 시작되었다는 알림이자 생동감이다.

도마가 노트라면 칼은 펜이다. 탕탕탕, 기록한 문장들. 요리는 한 권의 책이다. 창작의 바탕에 무엇을 기록할 것인지는 작가의 마음에 달렸다. 형상은 사라졌어도 본질은 '먹는다'는 행위에 동화된 이야기가 있다. 장르마다 먹음직스럽거나, 맛있거나, 영양가가 높거나, 개성이 뚜렷한 책들. 그러나 갖가지 레시피 속 내력에 언제 한번 귀 기울인 적이 있던가. 선뜻 자신을 내어놓은 음식 재료들을 우리는 동의 없이 요리한다. 한 끼를 성찬으로 여겨야 하는 이유다.

신명난 공연 난타에서 네 명의 요리사가 결혼피로연을 위한 요리를 만드는 과정을 선보인다. '마구 두드리는'

것만이 아니라 소리와 리듬이 어우러져 사물놀이의 장단이다가 비트 장단이 되기도 한다. 냄비, 프라이팬, 접시 같은 각종 주방기구가 동원되지만, 도마와 칼이 주 악기로 등장한다. 난타는 도마와 칼이 만들어 낸 주방 음악이다. 재료들은 난장(亂場)에 널브러지고, 축제로 승화된 죽음은 요란한 공연의 여운으로 남는다.

칼의 속성은 공격이다. 그러나 요리사의 손에 들렸을 때 정당성을 인정받는다. 음식을 만드는 결정적 도구. 도마의 몸에 수많은 자국을 남기면서 칼은 제 뜻대로 자르고 깎고 썬다. 칼날은 물론 묵직한 칼등으로 후려치기도 하고 무게 실린 칼자루로 다지기도 한다.

칼은 도마가 있기에 마음놓고 기량을 발휘한다. 도마는 무수한 칼자국을 받아들여야 할 운명. 쓰면 쓸수록 제 몸이 패이고, 반면 칼은 무디어지는 서로의 공멸이다. 요리를 위한 살신성인의 맹약이다.

협력, 협동, 협업이란 말은 딱딱함 속 아름다움이다. 요리는 도마의 포용력과 칼의 결단력이 만들어 내는 협업으로 탄생한다. “손잡지 않고 살아남은 생명은 없다”(최재천)고 한다. 손잡은 자들이 미처 손잡지 못한 자들을 물리치고 사는 세상이라 한다.

경쟁은 승패를 나누지만, 협업은 시너지를 낸다. 경쟁은 혼자 살아남는 법이고, 협업은 함께 살아가는 길이다. 경쟁은 싸움을 부르지만, 협업은 배려하고 양보한다. 함께 웃는 협업은 난타 공연 같은 신바람이다.

협업이 깨질 때가 있다. 움직임이 없는 도마보다 이동이 자유로운 칼 쪽이 원인일 때가 많다. 도마를 떠난 칼은 때로 불법적이다. 요리사의 손에서 벗어난 칼은 협업의 가치를 지닌 존재가 아니다. 인연이 악연으로 변하는 순간, 협업 관계는 힘으로 부리고 그 힘에 복종해야 하는 갑을 관계로 변질된다. 즐거울 수 없는 칼의 노래다. 살상의 무기로 돌변하여 주인을 공격하기도 한다.

칼과 권력의 상관관계는 어떨까. 살아 있는 권력엔 무딘 칼이지만, 죽은 권력엔 예리한 칼이다. 권력자의 손에 놀아나는 칼, 그 하수가 휘두르는 칼은 원한과 미움을 거두지 않으면 망하는 이치다. 숨긴 칼이 무섭다. 감춰 두지 말고 항상 보이는 곳에 안치(安置)시켜야 하는 이유다. 임무가 끝나면 칼집에 얌전히 꽂아 둘 일이다.

도마와 칼은 적과의 동침이다. 아니 어쩔 수 없는 연분이다. 예리함을 알면서도 그것을 받아주거나 무마시키거나, 상황에 따라 결과는 달라진다. 관계의 밀착은 둘의 적절한 각도로 이루어진다. 도마와 칼로 만난 부부 관계다. 누가 도마이고 칼인지 굳이 따질 필요가 없다. 온통 짜증난 소리와 깨어지는 소리가 가득해도 기분 상한 것은 너끈히 자르고 다지면 될 일. 상쾌한 아침을 여는 것은 둘의 협업으로 이루어지는 것. 서로를 받아들이는 소리는 경쾌할 수밖에 없다.

---

* 『바베트의 만찬』(이자크 디네센의 소설) – 자신에게 생긴 1만 프랑을 모두 사용해, 자신을 받아준 루터공동체 설립자의 생일을 기념하는 날, 이 세상에서 경험할 수 있는 최상의 만찬을 공동체 사람들에게 베풀었다.

애기똥풀

흠…, 달큼한 냄새. 유치원 버스가 아파트 마당을 막 돌아나갈 때 웃음소리에 겹쳐 전해 오는 젖 내음이 달다. 낮은 바람이 가리키는 한쪽이 노랗다. 초롱초롱한 눈망울들이 엄마와 할머니 손을 잡고 돌아가도 여전히 조잘거리는 노랑들. 햇살이 부시다.

오월이 싱그럽게 핀다. 아름다움을 뽐내며 희귀함을 앞세우며 고고함을 돋보이며. 서로 경쟁하듯 발돋움하는 곳에서 잠깐 눈을 돌리면 정겨운 눈인사를 보내는 곳도 있다. 볼수록 새록새록 사랑스러운 꽃. 맑디맑은 노랑이 고개 든 연두와 어울리면서 귀여움을 고조시킨다. 마음만 열면 언제나 마주할 수 있는 애기똥풀꽃.

봄꽃이려니 싶지만, 끊임없이 피고 지기를 계속하는 끈질긴 모습은 여름까지 이어진다. 여린 힘으로 피워 내서일까, 감동은 배가된다. 아장아장 걸어가는 아기 같지만 서로 의지해 버티어 내는 민초들이다.

애써 꽃을 피워 놓아도 이름은 고작 애기똥풀. '꽃'이라는 그 짧은 음절마저 인색했을까. 그래도 항변하지 않고 하얀 솜털에 싸여 빼꼼 내미는 얼굴. 방긋 문을 열고 나온 노랑에 잎에 앉았던 청개구리가 펄쩍 뛴다. 풀벌레가 뚝 소리를 그친다. 마냥 아이인, 어른이 되지 않는 풀. 꽃을 피워 수정을 거쳐도 끝까지 아기다. 동안(童顔) 열풍인 이즈음, 영원히 아이인 것은 어쩌면 행운이 아닐까.

누구나 한때 아기였다. 나도 한 포기 애기똥풀. 누비처네에 싸여 하루가 뜨고 또 졌다. 엄마와 누나의 등에서 한 호흡이 되었다. 시장으로, 논밭으로, 동네 한 바퀴를 돌았다. 쉬도 응가도 그 품에서 해결했다. 근심과 걱정은 내 몫이 아니었다. 푸른 똥을 지릴 땐 엄마의 얼굴도 파래졌지만, 노란 똥이면 '장한 것' 흐뭇한 표정에 천진함을 맞댔다. 노란 젖을 게웠던 엄마의 등에서도 달큼한 젖 냄새가 났을까. 어린 누나의 등은 나를 온전히 받아주기엔 너무 작지 않았을까.

애기똥풀은 장소를 가리지 않는다. 밭을 탐하지 않고도 의연히 자라는 것은 열정이나 절망 같은 극단이 없는 성품 때문이다. 숲 가장자리도, 중심부가 아닌 변두리 길가에도 마다하지 않고 꽃을 피우는 이유다. 제도화된 밭에서 자라지 않았으므로 눈총 받을 일 없다. 다 제자리가 있다지만 당당한 풀, 아니 꽃이다. 좌판도 없는 난전에 앉았던 그 그리운 이처럼 스스로 피어난 꽃이다. 그 등에 업혀 유독 큰 눈망울을 되록거린 나는 그의 애기였다.

아무런 걱정도, 거리낌도 없이 젖내 폴폴 나는 노란 똥을 지렸을 때 환해지던 엄마의 모습을 그려 본다. 누비처네에서 삐져나온 손이 얼어도 노란 똥을 눌라치면 용한 놈, 용한 놈, 난리통에 용케 살아난 나를 다독이던 엄마였다. 그런 엄마를 언제 한번 포근히 안아 보았던가. 오월 속으로 사라진 지극한 사랑을 지울 수 없어 오래 묵은 사진첩을 꺼내 놓는다.

달걀 한 개로부터

톡!

바닥에 신호를 보낸다. 바닥은 꿈쩍 않는데 달걀만 실금이 간다. 껍질을 벗긴다. 반질거리는 살결이 보이기 시작한다. 타원형의 럭비공이다.

한입 베어 물며 어느 지인의 이야기가 생각나 웃는다. 백화점에서 행사 이벤트라고 준 포장된 달걀 몇 개를 집으로 가져갔는데 판에서 꺼내 탁, 탁자에 쳤단다. 주르륵 흐르는 끈적한 액체에 그는 정작 콜럼버스의 달걀이 생각났다고 한다. 차라리 콜럼버스처럼 달걀 세우기라도 했더라면. 부활절도 아닌데 왜 당연히 삶은 달걀이라고 생각했을까.

알은 탄생의 상징이다. 생명은 알에서부터 나온다. 박혁거세나 동명왕만 난생신화(卵生神話)의 주인공이 아니다. 우리는 모두 생명의 시원(始原), 어미의 알집에서 잉태되어 자라고 태어났다. 분화되지 않은 혼돈의 상태에 생명의 질서가 생기고 자라서 기어이 제집을 부수고 나오는 부화(孵化)의 경이로움. 그 완벽한 탄생의 첫 장면이 줄탁(啐啄)이다. 문짝도 없는 알에서 세상에 첫발을 내딛기까지 지난한 과정을 생각하면 생명의 존엄에 숙연해진다.

껍질은 내용물을 보호하는 방패다. 그러나 달걀 껍데기는 감싸고 있는 안을 보호할 뿐만 아니라 그 생명의 벽을 허물어 안에 있는 내용물을 축출해 버리는 이중성이 있다. 깨지 못하면 죽음에 이르는 역설이다. 보호라는 본질적 가치를 스스로 부숴 버리는 모순이 탄생의 질서를 완성한다. 알맹이를 지켜내던 오랜 희생이 돌변하여 일으키는 내부의 반란이다. 언젠가는 부서지기 위해 존재하는 모델하우스 같다.

우리는 생각의 알집 속에서 미숙한 사고를 깨뜨리며 다시 태어난다. 병아리가 안에서 쪼아 댐(啐)과 어미닭이 바깥에서 깨뜨림(啄)이 동시에 일어나는 거룩한 협동으로 한 생명이 탄생하듯.

세상살이가 두려워서일까, 단단한 껍질을 만들어 벽을 쌓고 자신을 가두어 버리는 존재들이 있다. 그 안의 웅크린 상처를 들여다볼 수 없게 감싼 두꺼운 비밀의 옷에 갇힌 사람들. 스스로 깨고 나오려는 '진인사(盡人事)'가 없는 한 '대천명(待天命)'을 기대할 수 없다.

뱀은 살기 위해 껍질을 벗는다. 삶을 포기하지 않는 한, 새로운 세계를 갈망하고 스스로 만든 허물을 벗어야 한다. 아픔은 새로운 세계를 얻기 위한 껍질의 부서짐이고 그것은 내 안에 숨겨진 나를 죽이는 일이다. 껍질은 난공불락의 성채가 아니다. 단단하게 굳어 버린 아집과 감정의 껍데기를 벗겨 내야 한다. 껍질을 두른 것도 '나'이고 그것을 깨야 하는 것도 '나'이기 때문이다. 삶의 고단한 두께에 짓눌릴수록 껍질을 쪼아 줄 어미닭 같은 사람이 절실하다. 그래서일까, 껍질의 이중성과 모순은 새로운 세계를 향한 협동이라는 이름으로 정당화된다.

달걀만 한 착한 먹거리가 있을까. 맛과 영양, 가격에서도 부담스럽지 않고 고급이면서도 서민 취향에 두루 잘 어울린다. 때와 장소에 구애됨 없이 날것, 삶은 것, 프라이, 말이로 제 몸을 통째로 내어 준다. 다른 음식과도 잘 어울려 냉면, 국수, 라면, 샌드위치, 떡볶이, 달달한 카스텔라에 이르기까지 고명이 되거나 영양을 보충해 준다. 완전식품이라는 별칭은 단순히 영양으로만 설명할 수 없는 폭넓은 관계성을 지니고 있기 때문이다. 그러므로 화가 나 달걀을 함부로 투척하는 것은 달걀에 대한 모독 행위다.

달걀은 노른자가 중심이어서 병아리는 당연히 거기로부터 자라는 줄 알았다. 그러나 노른자와 흰자의 경계에 있는 하나의 세포, '배(胚)'에서부터 점차 분열되어 자라는 것임을 알게 되었다. 어느 쪽이 더 영양가가 높은가 하는 것은 중요하지 않다. 나름의 제 몫이 있기 때문이다. 처음에는 흰자를 통해서 수분과 영양분을 공급받다가 자라면서 노른자에서 주로 영양을 공급받는다. 태아가 크면서 노른자와 흰자의 양이 점점 줄어들고 다 자라면 뽀송한 병아리만 남아 세상으로 나오는 것이다.

흔히 중심과 변두리를 노른자와 흰자에 비유한다. 그러나 어느 쪽이 더 귀하거나 중요한 것이 아니라 노른자와 흰자가 잘 섞일 때 달걀말이가 되듯 조화로운 배합이 좋은 음식을 만든다. 주변이 없으면 중심도 없다. 사람들은 언저리보다 중심에 더 주목하지만, 언저리를 생각하지 못하는 중심은 표적을 잃어버리듯 허울뿐이다. 중심에서 떨어져 주변을 살피고, 어긋나게도 보고, 때로는 느긋하게 기다리며 일이 돌아가는 형편도 파악해야 한다. 중심이 흔들려서는 안 된다는 말은, 그곳이 어디든 줏대가 있어야 한다는 말이다.

주변이 중심을 수식하고 중심은 주변에 영향을 미치는 구조가 삶의 질서이고 모습이라면, 군에서 배운 야간 감시 요령도 그 논리를 적용할 수 있을 것 같다. 표적의 중심을 보는 것이 아니라 그 주변을 불규칙하게 시선을 옮기면서 보고(주변시), 표적에서 6~10도 떨어져 어긋난 곳을 보고(이원시), 눈이 스스로 조절될 때까지 기다리는(적응시) 방법으로 어둠 속에서 목표물을 찾아낸다. 중심만 고집해 한 곳만 오래 바라보면 제압해야 할 표적은 시야에서 사라지고 만다.

사람의 관계에서도 흰자와 노른자의 역할이 있다. 주변과 중심은 홀로 존재하는 것이 아니라 서로 연관을 짓고 상생한다. 노른자가 중심이고 흰자는 변두리라고 말할 수 없는 것은 그 때문이다.

둥글다. 겉모양뿐만 아니라 속도 둥글다. 달걀이 네모나 세모였다면, 산란의 효율성과는 저만치 멀다. 축구공처럼 원형이 아니라는 것도 안전성과 조금은 가깝다. 어딘가에 부딪히고 깨어질 위험이 줄어든다는 타원형의 장점이다. 그것도 한쪽이 조금 예민한 타원이어서 지면에 놓으면 기울어 굴러도 원을 그리게 되고 제자리로 돌아오게 된다.

어미닭이 품어 이리저리 굴리기에도 좋다. 원만하다는 말은 둥글게 존재하라는 뜻일 게다. 삶에도 알맹이가 있고, 껍질이 있고, 이리저리 굴러가다 깨어지기도 한다. 그래서 상처를 보듬어 줄 어미닭 같은 품이 그리워지는 것이다.

아무런 죄책감 없이 착취해 먹는 입들이 경배해야 할 이름. 지친 삶에 새 힘을 얻고 삶의 현장으로 다시 들어가는 부활이다. 달걀은.

누룽지

사랑과 기침은 감출 수 없다고 한다. 그것을 맹신하는 나는 한 가지 더 보탠다. 감출 수 없는 일을, 보여 주지 않아도 소리로 금방 알아채는 일을. 바로 먹는 소리다. 물렁한 음식이야 소리를 감출 수 있지만 오도독, 발설하는 소리는 금세 무얼 먹는지 알 수 있게 하니 말이다. 요즘 취향이 되어 버린 누룽지 후식에서 얻은 지론이다.

먹는 일은 단순히 생계를 위한 신체 활동만을 담지 않는다. 정신 활동을 더한다. 음식마다 고유한 맛과 냄새와 식감을 통해 잊어버리고 있던 향수를 불러일으키니 말이다. "누룽지~" 하고 되뇌면 금세 구수한 온기가 입안 가득 퍼지는 것 같다. 군것질이나 주전부리와는 다른 소박하지만 정겨운 느낌이다. 고향집이 떠오르고 할머니와 어머니가 보이고 가마솥과 아궁이, 그리고 그을린 찬장 한구석에 언제든 허기진 손을 기다리던 누룽지가 떠오른다. 우리만의 냄새, 우리만의 맛을 겸비한 그것은 내게 영혼의 허기를 달래어 주는 최고의 간식이었다. 그것은 그냥 허겁지겁 먹는 것이 아니라 감성으로 꼭꼭 씹어 먹어야 한다.

건강한 치아를 가진 사람이라면 마른 상태로 바삭거리며 씹어야 제맛이다. 치아가 나쁜 나로서는 약간 불린 것이 부담 없다. 적당히 불린 정도면 꼬드득 소리가 날 만큼의 씹는 맛은 남아 있다. 조금 오래 씹으면 마른 것처럼 침이 생겨 구수함을 더해 준다. 커피 한 잔쯤의 물을 담을 수 있는 종지에서 명함 크기만 한 누룽지를 건져 먹는다. 그리고 숭늉같이 우러난 찻물을 마시면 입안이 개운하다. 내가 누룽지를 먹는 방식이다.

쌀밥집에서도 누룽지의 정취를 느낀다. 가마솥만큼은 아니지만 돌솥에서 누룽지를 찾을 수 있으니까. 2인분 상차림에 한 사람은 밥을 푼 다음 물을 부어 놓고, 또 한 사람은 물을 붓지 않고 뚜껑을 덮어 둔다. 그리고 차려진

반찬으로 맛있게 식사를 한다. 후식을 먹을 차례, 긁어 놓은 누룽지를 바삭바삭 씹으며 고소했던 지난 추억을 되새김질한다. 배가 부를 때쯤, 불린 숭늉으로 천천히 입가심을 한다. 가끔 쌀밥집을 찾는 것은 누룽지와 숭늉 맛에 더해진 구수한 옛 정취를 누리고 싶어서다.

별로 특별할 것도 없는 특별함. 누룽지가 그렇다. 적당한 불의 맛이다. 자작자작 뜸이 든 밥과 태운 쌀의 중간, 누룽지는 딱 중용이다. 노릇한 고상함이다. 한솥에 들었지만 누구는 밥으로, 또 누구는 누룽지로 신분이 바뀐다. 그것을 조절하는 것은 바로 불이다. 적당한 군불이 구수한 맛을 보탠다. 의도하지 않았든 의도했든 세상사가 하나의 맛이 아니라는 걸 가르치는 것 같다.

있는 듯 없는 듯 드러나지 않다가 나중에 진가를 발휘하는 사람 같기도 한 누룽지. 등굣길에 간식으로 주머니에 넣어 주시던 어머니의 따뜻함으로 먹는다. 누나들과 설탕을 뿌려 먹던 애틋한 추억으로 먹는다. 그리워서, 그 시절로 돌아가고 싶어서, 향수를 누리기 위해 먹는다. 아니, 그때를 곱씹는다.

식단이 바뀌면서 누룽지가 사라지는 듯했으나 근래에

그 효능에 관심이 많아졌다. 항산화, 항암, 뇌질환, 당뇨, 신경안정 등 건강에 좋다고 한다. 발 빠른 사업가들이 그냥 놔둘 리가 없다. 상품화하여 대량생산에 이르러 쉽게 구해 먹을 수 있게 되었다. 아궁이 불, 가마솥의 정기로 만들어 먹는 것이 아니라 기계로 만든 음식이다. 그래도 옛 정취는 고스란히 저장되어 있어 그것을 먹을 때마다, 누룽지를 챙겨 주던 사람과 같이 먹던 정겨운 이들을 떠올린다. 구수하게 입맛을 당기고 마음을 잡아끄는 넉넉한 인심이다.

누룽지, 그 따뜻한 말만 들어도 왠지 촌스러운 향기가 물씬 풍긴다. 특별하지 않은 보통의 행복, 한 줌도 안 되는 삶이 누룽지처럼 구수했으면 좋겠다.

둥근 것은 굴러야 한다

바람 빠진 바퀴만큼이나 바람 빠진 오후다. 생기 돌던 시간은 어느새 네 시를 향해 절뚝거린다. 마구 달려가고 싶은데 소진된 기운은 좀체 굴러가려 하지 않는다. 봄날의 나른함이다. 바람을 가르던 눈부심이 저만큼 사라졌다. 먼지 앉은 자전거들이 적막하다.

값나가는 자전거들은 아파트 현관 안에 모셔 두지만 아파트 출입구 보관대에서 묵묵히 주인을 기다리다 지친 자전거들. 내달리지 못할 때 자전거는 자전거가 아니다. 길은 영영 사라진 듯 보인다. 보다 못한 관리실이 처분하겠다는 안내장을 걸어도 요지부동이더니 어느 날 일제히 자취를 감췄다. 스스로 굴러간 것이 아니라 폐기처분된 것이다.

자전거 페달에 겨우 발끝이 닿은 내가 균형을 잡는 건 불가능해 보였다. 모든 '첫'은 긴장과 위험이 따르기 마련이어서 비틀대다 넘어지기 일쑤였다. 하지만 반복된 연습에 초보 딱지는 절로 떨어져 나갔다.

운동장을 한 바퀴 용케 돌고 나면 큰일이나 해낸 것처럼 자랑하던 때가 있었다. 아버지의 출퇴근용 자전거는 나와 누나들에겐 신비한 은륜의 세계였다. 그 세계에 한 발짝 닿기 위해 나는 부지런히 키를 키웠고 자란 키만큼 호시탐탐 기회를 노려야 했다. 아버지의 퇴근 시간을 기다렸다. 아버지의 휴식은 내게 크나큰 즐거움이었다.

동그란 것을 보면 굴리고 장난치고 싶은 충동을 느낀다. 자전거를 보면 바람을 가르며 달리고 싶어지듯. 굴리고 싶은 욕구는 어릴 때 구슬치기에서 시작되었다. 서랍 가득 따 놓은 구슬은 재미에 곁들인 배짱으로 키운 놀이의 산물이었다. 철사로 만든 굴렁쇠, 자전거 타이어 테, 자동차 타이어와 튜브도 굴리는 데는 제격이었다. 모두 타고난 본성대로 굴러가려는 욕망이었다.

고개 드는 만용은 미숙함을 감추기 위한 것. 구멍 숭숭

뚫린 비상활주로용 철판으로 만든 좁은 다리를 자전거로 건너야만 으쓱 어깨를 세울 것만 같았다. 운동장 몇 바퀴를 너끈히 돌았다는 자신감은 용감하게 다리를 건널 것만 같았다. 지켜보는 누나들에게 보란 듯이 자랑해야지. 마치 면허시험이라도 치듯 다리를 통과하려던 참에 두려움이 몰려왔다. 멈칫거림과 동시에 균형을 잃고 냇물로 곤두박질쳤다. 박수는커녕 비명만 불러온 첫 통과의례는 비참한 결과로 드러났다. 그때 알았다. 둥근 것을 멈추는 순간, 눈치가 빨라 내처 고꾸라뜨린다는 것을. 둥글어서 바퀴, 각진 것은 둥근 힘을 빌려 와야만 한다. 네모에 바퀴를 달아 주면 자동차, 세모에 바퀴를 달면 자전거다.

자신의 발품으로 가장 정직하게 굴리는 것이 자전거다. 2인용 자전거에 몸을 싣고 합력으로 달리는 커플의 모습은 아름답다. 불화하지 않고 한 호흡으로 마음을 모으기 때문이다. 하지만 울퉁불퉁한 길에서 체인이 벗겨지기라도 하면 서로에게 짐이 된다. 멀리 갔거나 오르막일수록 후회는 배가된다. 그러니 자신의 들숨과 날숨에 알맞게 속도를 조절할 일이다.

지친 아버지를 태우고 퇴근길을 재촉하던 그 길들은

다 어디로 사라졌을까. 언덕길에서 고단한 땀을 식히던 바람은 다 어디로 갔을까. 끙끙 고향을 끌고 가던 비포장 길이 신작로로 변한 지금, 속도에 길들여진 자동차만 살벌한 바람을 가르고 있다.

30대 젊은 목사가 개척한 작은 교회는 이름이 '수박교회'다.

"왜 수박입니까?"

물으면,

"네모는 못 굴러가니까 '오라'고 하잖아요."

그의 명쾌한 대답에 갸우뚱, 그가 덧붙여 말한다. 수박은 물이 많고 달다. 둥글다. 보호색이 있다. 그것은 꿀처럼 단 생명의 말씀, 안주하지 않고 미지의 땅으로 가고, 소외되고 약한 자를 보호하겠다는 것. 부르기 쉽고 친근하고 겉과 속이 달라 궁금증마저 불러일으키는 수박의 매력으로 필요한 곳으로 굴러가겠다는 것이다. '네가 와라' 하는 부동이 아니라 '내가 갈게' 하는 둥긂의 철학이다. 그의 수박론은 수박만큼이나 시원하고 명쾌하다.

둥근 바퀴 없이 사람과 물건들은 움직이기 어렵다. 밀거나 끄는 것보다 굴리는 것이 힘이 덜 든다는 것을 영민한 인간이 모를 리 없다. 수많은 물류의 이동은 모두 바퀴의 힘에서 비롯된다. 지금 앉아 있는 의자도 바퀴가 있어 자유롭게 이동할 수 있다. '인류 최고의 발명품'이 바퀴라 한 말도 과언이 아니다.

저절로 둥글어지지 않는다. 각을 버린 둥긂. 마모되는 것들은 제 살을 깎는 아픔이 있다. 비와 바람과 파도의 오랜 시간을 거친다. 우레의 두려움과 공포 속에서 마모되고 견디며 둥글게 다듬어진다. 그러나 스스로 깎이기는 어렵다. '자전' '자동'이라고 해서 스스로 굴러가는 것이 아니듯. 누군가, 무엇인가의 힘이 있어야 한다. 자전거가 회전축을 움직이는 페달을 밟아 주어야 가능한 일이듯.

굴러야 하는 것이 멈추면 불안하다. 일상의 곳곳에 바퀴처럼 둥근 힘들이 존재한다. 버스, 자동차, 수레…, 매일 오르내리는 엘리베이터, 컨베이어 벨트까지. 둥근 바퀴의 힘은 작동한다. 어쩌면 일상은 둥근 트랙 속에 안주하며 살아가는 것이 아닐까?

이들이 제대로 굴러갈 때 안녕하다. 점점이 얽힌 체인과 삼각형의 뼈대, 그리고 바퀴의 협업으로 달리는 자전거.

인생은 자전거를 타는 것과 같다. 균형을 잡으려면 계속 움직여야 한다. 멈출 수 없는 질주, 그것은 살아 있는 자들이 누릴 수 있는 희열이다. 마냥 질주하고 싶은 욕망이 있다. 뒷걸음을 모르고 앞을 향해 달리는 자전거는 멈추지 않는 한 절대 쓰러지지 않는다.

구른다는 것은 앞으로 나아가는 것, 진보하는 것이다. 진보에는 고통이 따른다. 처음부터 둥근 돌이 아니었다. 강 상류에서 시작된 모난 돌들은 하류에 도달할 때쯤 둥글게 변한다. 온몸이 밀리면서 오랜 부딪침과 씻김의 시간 속에 새롭게 태어난 것이다.

성급함은 진보에 도움이 되지 않는다. 제어할 브레이크가 작동하지 못하기 때문이다. 제 살을 내어 주는 아픔 없이 그저 정으로 두들기듯 쪼아대면 저항만 커질 수밖에 없으니 하는 말이다.

메가케로스의 뿔

기세가 등등하다. 머리와 머리를 맞댄 기 싸움. 저 중 하나는 분명 승리의 맛에 취할 것이고 또 다른 하나는 패자가 되어 쓸쓸히 퇴장할 것이다. 동물의 왕국에서 수컷의 무기는 뿔이다. 암컷은 승자를 따르면 그만이다. 인간의 세계에서도 그럴까. 뿔 없는 인간은 무엇이 무기일까. 혹 자신만의 뿔은 있을까. 오기 혹은 신념이라 불리기도 하는.

뿔과 뿌리는 한 종족에서 태어났다. 뿔이 공중에 내린 뿌리라면 가능한 가정이다. 그러나 지향하는 방식은 다르다. 화려함을 자부심으로 위로 솟은 것들은 딱딱하게 힘이 들어가 있다. 방해받을 일이 없어 당당하다. 아래로 머리를 숙이는 것들은 너그럽고 유연하다. 캄캄한 땅속 장애물을 피해 견고히 뿌리내리기 위해 터득한 생존 방식이다.

뿌리는 뿔을 볼 수 없다. 서로를 볼 수 없기에 둘 사이에는 깊은 신뢰가 절대적이다. 뿌리는 밖으로 솟은 뿔의 영광을 동경하고, 뿔은 뿌리가 밀어 올리는 힘을 부러워한다. 그러나 뿔과 뿌리는 근본이 같다. 둘이 하나가 될 때 비로소 온전한 전체로 존립할 수 있다.

명예와 화려함으로 장식한 뿔이지만 선용하지 않으면 오래가지 못한다. 초식의 뿔은 방어용이다. 염소의 뿔은 온순한 고집이다. 소의 뿔이 위용과 멀다면 개뿔도 쥐뿔도 못 된다. 이들은 악의로 들이받지 않는다. 제 성질을 못 이겨 마구 휘두르다 제 뿔에 받히는 사람들이 얼마나 많은가. 패가망신에 이르는 뿔들이다.

뿔들이 자란다. 양파의 매운 뿔, 감자의 씁쓸한 뿔, 무의 푸른 뿔 등 베란다가 뿔들을 키운다. 제 몸을 찢어 안간힘으로 올라가는 것들이다. 말라가는 몸통이 벌인 생존의 마지막 몸부림이다. 하지만 보이지 않는 곳에서 밀어 올리는 뿌리의 도움 없이는 미래가 없는 일이다. 뿌리 없이 몸통에서 불쑥 솟은 것들은 가차없이 잘려 나가고 버려진다. 희망 없는 것들에게 가해지는 비참한 말로다. 뿌리 깊은 나무는 바람에 흔들리지 않는다는 용비어천가를 집 안에서 읽는다.

내 뿔은 언제부터였을까. 아비의 단단한 뿔에 매인 우리는 그 권위 앞에 순종했다. 막 돋아난 연한 성질은 잦은 다툼 속에서도 서로 상처를 주지 않았다. 자존감이 여물어 갈 즈음, 얼굴에 뿔이 돋고 엉덩이에도 뿔이 나면서 싸움은 시작되었다. 아비라는 이름은 더 이상 힘을 발휘하지 못했다. 권위는 땅에 떨어졌다. 말이 사라지고 으르렁거리다가 쾅, 문을 박차고 나가는 걸음이 잦아졌다. 그러나 솟았던 뿔은 서서히 수그러들고 순한 양이 되어 집으로 돌아갔다. 약발 좋던 부모의 뿔이 사라진 지금, 우리는 본성을 숨긴 채 세상의 날카로운 뿔들과 씨름하고 있다.

두 개의 턱을 뿔이라 사칭하는 녀석이 있다. 사슴벌레다. 큰 턱이 사슴뿔을 닮은 그 무척추동물은 척추동물의 뿔을 버젓이 도용한다. 음식을 먹기 위한 것이라기보다 전투를 위한 무기다. 어릴 적 참나무 둥치에서 진액을 빨던

녀석을 잡아 싸움도 시키고 성냥갑 수레를 만들어 끌게 했다. 녀석은 능청맞게도 날개가 없는 듯 시침을 뚝 떼고 있다가 밤이면 훌쩍 날아가 버리곤 했다.

죽은 뿔로 기죽은 뿔을 살리겠다는 입발림이 있다. 뿔은 남성의 힘과 결부되어 성(性)을 상징한다. 발기부전에 특효가 있다며 노인들을 유혹하는 것도 그 때문, 뿔이 화려한 위용을 자랑하는 것은 정욕과 무관하지 않다. 암컷을 차지하기 위해 힘을 쓰는 무기로 사용하기 때문에 해보는 상상이다. 뉴질랜드, 러시아, 알래스카, 몽골 등지에서 죽은 기운을 살리겠다고 수없이 잘려 나간 순록의 뿔들. 뿔 없는 말(馬)에게 "말아, 말아, 뿔내라" 하고 반복해서 노래하면 발기해 교배한다는 어느 지방의 민요도 있다. 성난 남성의 욕망이 능력의 상징으로 둔갑하는 경우다.

머리 위로 솟아 귀한 대접을 받는 것일까. 즐거운 날 축하의 자리에서 고깔모자는 뿔을 대신하는 것 같다. 베트남 전통모자 '논'은 권위보다 실용에 바탕을 둔 것이다. 햇빛을 막아 주고, 비를 피하고, 부채가 되기도 한다. 아오자이와 어울린 논은 야자수 아래의 베트남 여인을 얼마나 아름답게 만드는가. 패션으로 변신한 뿔이다.

뿔을 좇는 세상이다. 그렇다고 뿔이냐 뿌리냐가 가치 판단의 기준이 될 수 있을까. 높고, 힘 있고, 화려한 뿔을 갖는 것이 삶의 목표가 된 듯 온통 그것을 향하여 질주한다. 그러나 그것이 거추장스러운 장애물이 될 수도 있다. 뿔 달린 우산이 비를 고스란히 맞는다는 사실, 자랑과 자부심이 다 좋을 수는 없다.

거대한 뿔을 자랑하던 메가케로스는 뿔의 무게를 못 이겨 번식에 실패했고 마침내 멸종했다. 화려함에 취해 든든한 버팀목이 되어 줄 뿌리를 무시했기 때문이다. 드러나는 뿔과 드러나지 않는 뿌리의 불균형이 한 개체의 종말을 가져왔다.

뿔이 되는 사람도, 뿌리가 되는 사람도 존재하기 마련이다. 둘이 한 몸이라는 인식이 있다면, 가슴과 머리가 떨어질 수 없듯 뿔과 뿌리는 분리 불가능하다. 뿔은 뿌리를 믿어야 하고 뿌리는 뿔을 신뢰해야 한다. 세상에는 제 지위만 믿고 위용을 휘두르다 파멸한 메가케로스의 뿔이 얼마나 많은가.

포아풀

이름이 없는 건 슬프다. 바나나는 그냥 바나나, 포도는 그냥 포도니까. 한 송이 두 송이로 불러 주면 끝이다. 혹자는 말할 테지, 과일이라고만 명명하지 않는 것도 어디냐고.

이름이 곧 존재다. 그만의 이름이 없다는 건 특별한 관심이 없어서다. 아니, 이름을 불러 줄 만큼 아는 게 없어서다. 호젓한 둘레길에서 만나는 식물들은 시시각각 그 모습을 달리한다. 그러나 여전히 내게는 풀이라는 명칭 하나로 끝난다. 익숙한 듯해도 지나치는 것이 훨씬 더 많다. 그래도 하늘나리나 엉겅퀴나 구절초를 알고 있으니 다행, 카메라에 담아내는 것은 반가움의 표현이다.

산허리를 따라 생긴 둘레길은 두 시간 거리다. 걸음으로는 만 오천 보쯤 된다. 임도(林道)이기 때문에 차가 다닐 수 있을 만큼 널찍한 길. 아침 햇살이 대지를 따뜻하게 감쌀 때쯤, 워킹화를 졸라매고 호위무사라도 되는 듯 스틱을 챙겨 집을 나선다. 완고한 아파트 벽을 벗어났다는 안도감일까, 코끝에 닿는 바람이 상쾌하다.

둘레길에 접어들면서 펼쳐지는 세계는 언제나 변화무쌍하다. 하루가 다르게 잎은 색깔을 바꾸고 꽃이 피는가 싶더니 어느새 지고 있다. 작은 새들은 발걸음에 맞춰 화들짝 앞장서다가도 눈앞에서 홀연히 사라진다. 마음에 담고 있던 우울한 찌꺼기들은 기억나지 않는 꿈처럼 뇌리에서 사라진다. 걸음은 눈맞춤할 새로운 것들을 기대하면서 느긋해진다.

온몸의 감각기관을 활짝 열고 눈앞에 펼쳐진 사물들을 바라본다. 조물주라도 되는 양 피조물을 사열하듯 으쓱해진 발걸음. 몇 번의 오름과 내림 끝엔 반환점이 있다. 되돌아가는 길목에선 아차, 놓칠 뻔한 반가운 얼굴을 만나기도 한다. 양지바른 곳의 무더기로 피어 있는 작은 풀, 포아풀이다. 언제나 담담한 모습으로 나를 맞는다.

민들레만큼이나 흔해서 전국 어디서나 볼 수 있다. 볏과 식물로 무릎 정도만큼 자라고 꽃대를 길게 뻗어 연녹색 이삭을 피워 올린다.

잎은 벼에 비해 억세지 않고 부드럽다. 왕포아풀, 실포아풀, 섬포아풀, 좀포아풀 등 종류도 많다. 씨앗은 논의 훼방꾼 피보다 작아 작은 산새들의 먹잇감으로나 적당할 정도다. 척박한 땅에서도 잘 자라는 것은 억척같은 뿌리의 뻗음에 있다. 대부분 식물처럼 성장점을 줄기나 가지 끝에 두는 허장성세(虛張聲勢)와는 거리가 멀다. 뿌리 가까운 밑동에 성장점을 둔 포아풀은 존재 의미의 성실한 탐구자이자 실존주의자다.

입술을 동그랗게 오므려야 나오는 이름, '포아풀'. 예쁜 이름은 발음하는 입도 예쁘다. 그러나 여전히 하찮은 풀이다. 다만, 풀에서 조금 더 들어간, 생색내어 불러 주는 이름 같다. 마치 사람의 이름을 부르기 전, 생김새라든지 어디에 사는 기준 정도로 불러 주는 호칭 같다. 두드러지게 돋보이거나 알리고 싶은 욕심이 없어서일까. 이름값에 비하면 억울할 만큼 겸손한 처신이다.

"이게 포아풀이야." 일행에게 일러주면 좋아할까. 눈에

띄는 꽃도 없고 탐스런 열매도 없는 딱히 특징지을 것 없는 풀. 한 포기 두 포기 세어 주면 그만인 무명이다. 그러나 내게는 여전히 예쁜 이름이다. 시골에서는 누렁이가 좋아해 꼴을 베면 어디에나 있어 따라오는 풀이지만.

안 보이던 꽃이라도 발견하면 휴대폰으로 검색을 하고 이름을 알게 되면 신대륙이라도 발견한 듯 신기해하고 좋아한다. 한 포기의 잡초도 그 이름을 알고 불러 주면 살갑게 다가온다. 때로는 위계질서에 따른 직책보다 이름을 불러 주던 상관들이 얼마나 친근하게 다가왔던가. 관심이 부르는 이름이다.

남과 비교하는 생존 경쟁은 안중에 없어 보이는 풀. 튼실한 뿌리로 어디서나 생육할 수 있는 자존감이다. 옆에서 온갖 것들이 다투어 꽃을 피울 때도 침묵하는 그도 사실은 꽃이다. 다만, 내가 그냥 풀이라 불러 줄 뿐이어서 관심에서 멀어질 뿐. 분주한 걸음이 무심히 지나칠 때도 그저 빙그레 웃으며 여린 이삭을 흔들어 인사를 건넬 뿐이다.

"포아풀, 안녕?" 그냥 풀이 아니라 특별한 풀이다. 나의 명명은 그에게 준 거대한 자부심 같아 "잘 지냈어?"

물으면, "오늘도 안녕하시지요?" 여전히 그 자리를 지키며 반긴다. 소박한 물음 속에 감추어진 따뜻한 애정이다. 내가 때마다 유심히 그에게 머무는 이유다. 자기만의 키 높이로 살아가는, 자존심 하나로 지켜가는 삶의 표본이지 싶다.

좋으면 좋은 대로, 싫으면 싫은 대로 담담하게 받아들이는 자세는 어디서 비롯되는 것일까. 바람 불어도 시류에는 흔들리지 않겠다는 그 자존이 그냥 좋다.

자투리

밤 열 시, 일단 눕고 본다. 금방이라도 잠이 들 것 같지만 웬걸, 머릿속이 끓는다. 생각을 말끔히 해소하지 못한 탓일까.

그러나 냉큼 잠들지 못하는 그 짧은 시간이 고마울 때가 있다. 뒤척임이 반짝 생각을 일으켜 세우기 때문이다. 이 얼마나 희열인가. 횡재인가. 산책하거나 커피를 마시거나 운전 중에 스쳐 지나가듯 떠오르는 생각처럼 말이다.

왜 이런 순간에 창조의 씨앗은 발아되는가. 하지만 순간적인 것은 휘발성이 강하다. 잠자리를 박찬다. 망각이 거두어 가기 전에 잡아 두어야 한다. 자투리 발상이 주제가 되어 한 편의 글이 만들어질 때, 그 기분은 마치 잘 숙성된 포도주처럼 짙다. 강제로 짜내지 않은 오묘함, 뒷맛조차 개운하다. 그러나 그런 기회는 자주 오지 않는다. 까무룩, 하루가 숙면에 들 때는 어림도 없다.

자투리 시간이 세상을 변화시킨다. 사무적이고 기계적으로 일하는 뇌와 달리, 쉴 때 작동하는 뇌는 자유로운 영혼이 활성화된다. 의외성이 큰일을 해낸다. 아는 것이 힘이 아니라 상상력이 힘이 된다. 괴질 코로나19 검사를 '드라이브 스루'로 하는 것도 책상머리에서 나온 것이 아니다. 오랜 현장 경험에서 비롯된 발상이다. 잠깐잠깐의 골똘함이 만든 결과물일지도 모른다. 그러니 창조적 영감이 영혼의 대장간으로 찾아오도록 정신의 자투리도 남겨 둘 수밖에. "뭘 해도 되고 안 해도 되는 시간, 무엇을 하기에는 부족해 보이는 시간, 무엇을 한다고 그리 티가 나지 않는 시간"으로 치부할 수 없다.

자투리땅이 살아난다. 그곳은 더 이상 도시 미관을 해치는 볼품없는 땅이 아니다. 집도 사람도 포화상태인 도심을 살아 숨 쉬게 하는 곳. 인구밀도가 높은 도시에 협소주택을 짓고 꽃과 나무를 심어 쉼터를 만든다. 도시 농업으로 사막 같은 회색에 푸른 활력을 불어넣어 새와

벌과 나비를 불러들인다. “이렇게도 쓸 수 있었어?” 모양과 크기도 가지각색이지만 결핍에서 오는 상상력이 아름다운 집을 만들어 낸다. 도시의 규격화에 지친 사람들은 자투리땅의 가치를 안다.

자투리천, 하면 제일 먼저 떠오르는 게 조각보다. 일부러 천을 조각냈다고는 말하고 싶지 않은, 작은 것이라도 아끼고 싶은 마음이 모여 애틋하게 만들어 낸 것이다. 비정형의 절묘한 미학이다. 버려질 불안정한 조각들이 섬세한 손놀림을 거쳐 사각의 안정감을 되찾는다. 여인들의 소박한 염원이 담긴 시간과 정성의 창조물이다.

등잔불 아래서 자투리천들을 이어 붙이며 일상의 고단함과 찢긴 감정을 짜깁기했을 어머니. 바느질 솜씨가 알려졌는지 간혹 주문을 받아 조각보나 베갯모, 수를 놓은 베갯잇을 만들기도 했다. 그럴 때마다 얼굴이 밝아지셨는데, 아마도 노동에 곁들인 재미가 아니었을까 싶다. 기다림의 밥상에는 어김없이 조각보가 덮여 있었다. 이젠 손때 묻은 유물이 되어 안방 창 한편의 가리개로 쓰이고 있다.

자투리 시간, 자투리땅, 자투리천. 가치 없어 보이는

낮춤의 의미가 배어 있다. 아마도 '통째'나 '알짜'와 비교하기 때문일 것 같다. 그러나 자투리는 예쁘면서도 호감이 가는 순수 우리말이다. 숨 쉴 수 있는 여백의 공간이다. 세모나 반 동그라미나 마름모꼴이나 다각형인 그것은 사각형처럼 규격화되지 않아 기발한 창조성을 자극한다. 자투리는 모든 일상의 시공간에 존재한다. 장소 불문, 죽은 듯 버려진 듯 있다가도 살아난다. 자투리의 반짝이는 발상이 없는 철학자나 과학자나 예술가를 떠올릴 수 없는 까닭이다.

우리는 자투리 시간의 성스러운 노동행위로 만들어진 귀한 존재들이다. 자투리 취급을 받은 적이 있었던가. 쓸모없다 내팽개친 끄트머리에서 허우적거린 적은 없었는가. 언제부터인지는 모르지만 네모반듯해 보이는 사람이 부럽지 않다. 빈틈없음이 숨 막히게 하기 때문이다. 생각의 눈이 바뀌었다. 허술한 구석이 있는 사람, 속을 드러내도 좋을 사람, 자투리나 끄트머리처럼 보이는 사람이 호감이 간다.

세상에 버려져야 할 자투리란 없다. 자투리가 곧 알짜다. 그것을 발견해 내는 상상력만 있다면 말이다.

보리밥과 칼국수

커피 향으로 우려낸 초저녁 입담이 엳어질 즈음 허기는 짙어졌다. 갑작스런 비는 어느새 눈으로 내리고 있었다. 미처 우산을 준비하지 못한 우리는 코트와 점퍼의 후드로 대충 몸을 감쌌다. 적당히 기분 좋은 눈을 맞으며 도심의 불빛을 훑었다. 부끄럼 많은 골목이 수줍게 내미는 '수제 칼국수'가 눈길을 잡아끌었다.

따뜻한 바닥이 군불을 지핀 듯 정겹다. 앉은뱅이 식탁에 앉으며 서둘러 칼국수를 주문했다. 시장기부터 삭이라는 듯 먼저 식탁에 놓인 건 보리밥. 작은 공기에 열무김치와 고추장을 곁들인 사이드 메뉴다. 칼국수가 나오기 전의 맛보기는 입맛을 돋우는 효과를 노린 것이다.

예전 어느 중국집에서 짜장면을 시키면 약간의 쌀밥이 나오는 것을 본 적이 있다. 짜장면을 먹고 남은 양념에 비벼 먹으라는 후덕함에 줄을 서서 기다려야 했다. 그것과는 좀 다른 배려, 배를 채우라는 것이 아니라, 전혀 성격도 다른 보리밥을 맛보는 즐거움을 누리라는 듯했다.

김이 무럭무럭 피는 칼국수는 본게임이다. 채친 호박과 파, 잘게 부순 김 등 고명이 핀 꽃밭은 눈을 호강시킨다. 국물 한 숟갈에 방금 먹은 보리밥이 쓰르륵 내려가는 듯하다. 칼칼하게 비벼먹은 보리밥에 부드러운 면발은 특별나지 않은 사람들의 감춰 둔 매력 같다.

종류도 다양해서 닭칼국수, 팥칼국수, 바지락칼국수, 장칼국수, 김치칼국수 등 덧붙이는 재료에 따라 이름과 맛을 달리하는 칼국수. 그러나 최소한의 양념으로 본래의 국수 맛을 잃지 않는 비법이 중요하다. 눈 내리는 창밖 풍경과 잘 어울리는 따뜻한 한 끼다.

보리와 밀은 같은 항렬을 따르지만, 비슷한 듯 다른 형제 같다. 맥(麥)은 보리를 의미하기도 하지만 밀을 뜻하기도 한다. 보리는 대맥이라 부르고, 보리보다 알이 조금 작은 밀은 소맥이라 불린다. 심고 나고 자라는 생장 과정도

비슷하다. 그러나 원래의 성분과는 판이한 음식으로 다시 탄생한다.

누군가 가을걷이를 할 때면 또 다른 누군가는 씨를 뿌린다. 추위를 겪어야 꽃이 피고 열매를 맺는 보리와 밀은 사철의 기운을 받는다. 봄에 씨를 뿌려 가을에 수확하는 다른 곡식과 차별되는 월동작물이다. 겉은 차고 안은 따뜻한 기운을 지닌 것은 거친 눈보라를 견뎌 내며 키운 성질이다. 겨울의 괴로움을 참아 내야 봄날을 맞는다. 늘 풍요롭고 안락한 봄날을 원하지만, 그런 봄날은 없다. 추위를 경험하지 않은 사람이 봄의 따뜻함을 느낄 수 없다. 모진 겨울을 견뎌 낸 밀과 보리의 투박함은 도정한 쌀의 매끄러움과는 다른 맛이다.

밟아야 튼튼해지는 보리와 밀. 서릿발에 뿌리가 들뜨면 웃자란 것들은 얼어죽는다. 어른들을 따라 보리밟기에 나섰던 동심에게 사람도 웃자라면 안 된다던 묵은 말씀이 뒤늦은 경전이 되었다. 지극한 사랑에 부족함을 모르고 웃자라서 부모도 친구도 선생도 안중에 없는 덩치만 키운 아이들. 밟힌 보리가 건강하게 자라듯 여문 열매를 맺으려면 꼭꼭 다져 주어야 한다.

밀밭과 보리밭은 서로 이웃하면서 경쟁하듯 봄볕을 부른다. 푸른 바람과 들꽃 향내와 새들의 지저귐은 겨울을 이겨 낸 뒤 받는 축복이다. 보리피리와 종달새의 노래가 어울리는 봄은 평화롭다. 숲속 장끼는 제 짝을 부르고, 보리밭에서는 갈맷빛 청춘의 춘정(春情)이 무르익는다. 바람이 허리춤에서 보리밭을 흔들 때, 살 부비며 우는 소리가 들린다. 자지러지는 듯한, 철썩이는 파도 소리 같은. 모두 봄바람이 만들어 낸 걸작이다.

거친 겨울을 이겨 낸 봄이 만든 푸름은 어느 화폭에서 살랑거리기도 해 보리밭의 향수를 불러일으킨다. 그것의 여운이었을까, 밀밭을 보고도 보리밭으로 착각한 때도 있다.

초록은 동색이라지만, 이삭이 패기 시작하면 보리와 밀은 차츰 본색을 드러낸다. 보리는 피리를 만들어 불 만큼 대가 굵은 데 비해 밀은 날렵하다. 또한 밀에 비해 보리 이삭은 길고 무성하고 알이 통통하다. 익으면 보리는 고개를 빳빳하게 세우지만, 밀은 다소곳이 숙인다. 까락은 밀에 비해 보리가 더 많고 길다.

초록이 짙어지는 초여름, 들판을 가을빛으로 물들이는

보리와 밀은 생의 마지막을 장식한다. 동문수학하던 동무가 서로 다른 길을 가듯, 보리와 밀은 새로운 이름으로 다시 태어난다. 밥과 빵과 국수 등 다양한 음식으로 허기와 취향을 채워 주는 것이다.

정으로 먹는 음식이 보리밥이다. 들녘에서 열무김치와 비벼먹던 보리밥은 농심이었다. 거친 꽁보리밥을 찬물에 말아먹고 서둘러 나서는 종종걸음들. 식감이 거친 보리밥은 아무리 잘 지어 봤자 보리밥이다. 그것이 지금은 별식으로 통한다. 쌀밥보다 귀한 대접을 받는 별스러운 일에 누구는 혀를 찰 것 같다. 한 알 한 알이 귀신을 본다는 고양이 눈과 닮은 보리. 잘 퍼진 보리알엔 반짝 켜진 눈빛이 보인다.

칼국수는 만드는 과정부터 정성스럽다. 안반에서 홍두깨로 쓱쓱 밀어내면 어느새 두리소반만큼 반죽이 자란다. 손맛까지 보태진 칼국수는 질리지 않는다. 지금도 낯익은 손맛이 그리울 때면 단골 국숫집으로 향한다.

보리밥과 칼국수의 절묘한 궁합. 보리밥의 껄끄러운 식감을 칼국수의 쫄깃함이 덮어 주고, 고추장으로 비빈 보리밥의 매운 맛을 칼국수의 구수한 국물이 달래 준다.

두 음식이 한 식탁에서 만났다. 투박한 남자와 보드라운 여자의 만남이랄까. 같은 땅에 심겨져 사철을 함께했고, 잠시 헤어졌다가 다시 만난 인연. 두런두런 정을 먹는 한 끼. 나도 너도 두 음식의 궁합처럼 내내 차지고 정감이 있었으면 좋겠다.

소소한 삶의 편린들

골목은 동네가 키우는 오래된 나무다

골목은 한 그루 나무다. 큰길에 닿은 입구가 뿌리라면, 골목은 가닥가닥 퍼져 나간 가지다. 가지마다 집들이 피고 수많은 사연이 맺힌다. 골목은 언제부터 그곳에 키워졌을까. 포클레인에 뭉텅 베어진 입구를 자세히 살펴보면 나무 밑동처럼 골목의 이력이 고스란히 드러난다.

소심한 골목이라 생각이 들지만 오래도록 묵힌 근성이 불현듯 튀어나오기도 한다. 안쪽 깊숙한 곳에 이르러야 속사정이 보이고, 한껏 키운 목소리가 잦아들어야 귀동냥으로 사연을 알아챈다. 지루한 일상이 반복되는 골목의 삶들은 그곳을 벗어나고 싶기도 하겠지만, 지그시 어금니를 깨물며 그 자리를 지킨다. 시들어가는 입소문에 지친 골목. 가끔은 마음이 흔들리고, 눈치 빠른 포클레인이 가지 하나를 썩 베어 가도 꽃을 피우겠다는 희망을 충전한다.

하수로 갈증을 삭이는 골목. 성큼성큼 집집으로 걸어 들어간 사람 사는 냄새는 고스란히 골목으로 새어 나온다. 목이 좋은 입구, 미니슈퍼며 분식집에는 웃음이 핀다. 싱싱한 꽃눈 맺힌 아래로 어느 집 새댁이 아기를 낳았다고도 하고, 막 꽃봉오리 열릴 때쯤 배냇니의 아기가 뒤집기를 한다는 소식이 들려오기도 한다.

웅성거리는 소리가 반가운 손님으로 오고가는 골목, 얼마나 많은 웃음이 매달리느냐에 따라 골목의 가치를 판단하기도 하지만, 웃음은 목 좋은 곳에만 달리는 것은 아니다. 저마다 들어앉은 속사정이 웃음과 시름을 결정짓기 때문이다.

"잘 다녀온나."

떠듬떠듬한 목소리로 보이지 않는 등을 배웅하는 골목이 있다. 아무리 목을 빼고 살펴도 빠져나가는 걸음은 보이지 않는다. 마른기침이 골목을 헌 신문지처럼 구기는 그곳에는 오랜 기다림이 있고 중얼거림이 있고 그리움이 있다.

키 낮은 쥐똥나무가 하얗게 소식을 피워도 돌아오지 않는 안부가 있어 남아 있는 기억 한 토막이 아침마다 문을 열고 나온다. 혼잣말이 과자부스러기처럼 흩어진다.

확성기 소리가 졸린 오후를 깨우는 골목. 아낙들은 지갑을 들고 나가 소소한 찬거리를 고른다. 채소며 과일, 생선들을 골라 들어가면 때맞춰 먹이를 기다리는 새떼마냥 하교하는 아이들. 집안을 빠져나오는 밥 냄새가 시장기를 한껏 부풀린다. 때로 찌푸린 목청이 튀어나오기도 하는데, 그건 철야에 지친 푸석한 얼굴이 창에 걸려 있을 때다. 어느 허름한 둥지에서 나온 못 박인 손이 오래된 기사를 실은 리어카를 끌고 절뚝거리며 나가면 골목은 잠시 고요에 잠긴다.

고물고물 시래기가 말라가고 엎어진 고무대야에 나른한 하루가 쉬어 가는 골목. 벽이나 전봇대엔 구직과 구인의 생계들이 덕지덕지 붙어 있다. 벽 스티커를 유심히 훑어보던 한 줌 햇살이 지나가면 늦도록 잠에 빠져 있던 바람이 나부끼는 전단지를 뜯어 간다.

읊조리던 하수가 입을 봉하면 해마다 조금씩 줄어가던 꽃봉오리마저 맺히지 않는 골목도 있다. 그곳은 풍파에 부러지거나 뜨거운 햇살에 말라 버린 가지, 계절의 변화조차 눈에서 멀어진 곳이다. 꽃을 볼 수 없을 뿐더러 오래전 말라 버린 낙과가 뒹굴기도 하는 그곳은 사철 드센 바람의 통로가 된다.

접어놓은 계단이 낡은 아코디언이 된 골목은 유난히 가팔라서, 후욱 더운 숨을 뱉으며 힘겹게 오르면 까치밥조차 매달지 않은 우듬지가 있다. 금이 간 창문에는 쭉정이 닮은 노파의 얼굴이 매달린다. 며칠 그 얼굴이 보이질 않으면 어김없이 구급차의 들것이 오르내린다. 비쩍 마른 전봇대가 허리 꺾인 배곯은 그림자를 제 발치에 내려놓는 막다른 골목, 우듬지. 하루 한 번 다녀가는 도시락 봉사에 빈 쓰레기통을 뒤지던 고양이가 허기를 바닥에 찍으며 골목을 내려간다.

우듬지는 밀린 방세가 분갈이하듯 둥지를 갈아치우기도 한다. 불안이 움을 틔우는 봄이면 방세를 채근하는 짜증이 다녀가고 밀린 독촉장이 된 찌푸린 하늘이 바지랑대 누운 빨랫줄에 걸린다. 들고나는 입이 하나인 막다른 골목. 샛길 없는 우듬지는 어쩔 수 없이 돌아나가야만 하는 걸음이 있다. 막다른 골목은 언젠가는 재개발이라는 이름으로 영원히 사라질지도 모른다.

한가로움이 입에서 입으로 전하는 소문에도, 늦은 밤 취기가 그림자를 달고 어슬렁거려도 소리 없이 하루를 여닫는 무던한 골목. 저마다 울고 웃는 사연을 달고 있는 골목은 동네가 키우는 오래된 나무다.

너머의 그 너머

별 좋은 이런 날은 평소 즐기지 않던 원두커피 한 잔마저 향기롭다. 창가에 앉아 우두커니 음미하는 가을 냄새가 짙다. 창 너머로 머지않아 다가올 겨울이 하얗게 겹친다. 문득 찻잔 속 찰랑거리는 내 얼굴에도 표정이 겹친다. 깊이를 알 수 없지만 낯익다.

평온해 보이는 저수지에 낚싯대를 드리운 등은 고요한 듯 시끄러워 보였다. 찌를 지켜보고 있을 눈빛이 불쑥 돌아볼 것 같았지만 아버지의 등은 오래도록 움직이지 않았다. 아버지는 5·16을 맞으며 군청의 주사 직함을 놓게 되었다. 하루아침에 쫓겨난 것이다. 국졸(國卒) 학력은 새 시대에 걸맞지 않는다는 이유였다.

가장의 몫은 어머니에게로 넘겨졌고, 아버지는 오래도록 안타까운 세월만 낚고 있었다. 절망과 분노와 회한이 뒤섞인 낚싯밥을 덥석 물어 줄 물고기는 없어 보였다. 어쩌다 낚싯대에 딸려 오는 잉어의 저항만큼 끓는 속을 헤아리진 못했지만, 아버지의 어깨너머로 나는 눈치를 먼저 배웠다.

쪽창을 통해 내다본 세상은 신비로웠다. 나이만큼 작은 창이었다. 그러나 재만 넘으면 보지 못했던 세계가 한없이 펼쳐질 것 같았다. 어둠을 걷고 어김없이 동이 트던 그곳엔 이념과 사상, 있음과 없음, 옳고 그름, 이것과 저것이 무화(無化)되는 순진무구의 세계가 경계를 지운 채 상상의 나래를 펼치고 있었다.

너머를 어슴푸레 알게 된 것은 사춘기였다. 그곳 너머의 또 다른 너머가 있다는 환상은 날마다 나를 출렁이게 했고, 뜨거운 가슴을 식히지 못해 몸부림을 쳐야만 했다. 펄펄 끓는 피는 그 너머를 향해 마구 달려가고 싶었으며, 넓은 세상에 나가면 단박에 무엇이 될 것 같아 나를 탈출한 마음이 수없이 재를 넘고 있었다.

산 너머 재 너머… '너머'가 아름다운 것은 상상 속 신비와 기대와 위안이 있기 때문이다. 현실 저쪽에 존재하면서도 현실을 이끌어 가는 힘이 되는 너머. 아득한 저 너머를 동경하는 것은 살아 있는 동안 누리는 특권이다. 현실과 동떨어진 부질없는 꿈이라 치부한다면 살맛이 줄어든 것이다.

어른이 된 '여기'가 바로 어린 날 꿈꾸던 '거기'인지도 모른다. "다른 세계를 꿈꾸느라 바로 여기가 다른 세계임을 자각하지 못하는 절대적 모순"을 안고 살아가는 현실이다. 이곳에 있으면서 그곳을 동경하고, 그곳을 찾아 이곳을 버리면 그곳은 다시 이곳이 된다.

뫼비우스의 띠처럼 반복되는 유동(流動)만이 삶의 진리라 일깨우는 것 같았다. 소설『모래의 여자』는. 그러나 꿈 너머의 또 다른 꿈이 이어지지 않고서야 그 유동이 무슨 의미가 있을까. 쌔앵 터널을 빠져나가는 행렬 속 그들의 알 수 없는 행선지는 마치 내가 닿고 싶은 상상의 곳인 듯 설렌다.

여행은 너머의 그 너머를 찾아가는 것이다. 새로운 세계를 미리 볼 수는 없다. 그러나 씨앗은 자라서 나무가 될 것이라 신뢰하며 땅속에 묻히듯 기대와 믿음이 없는 여행은 출발부터 기운이 빠질 수밖에 없다. 설사 그 너머에 꿈과는 거리가 먼 슬픔이 있을지언정 운명처럼 떠나는 것이다.

어쩌면 '너머'는 우리가 보고 듣지 못하는 세계를 그려 보는 눈과 귀를 열어 주는 말일 것이다. 그것으로 인해 너머를 향한 기대로 몸부림치지 않을 수 없는 현실을 견디며 살아오지 않았을까. 그제야 비로소 자신의 눈앞에 펼쳐진 훤한 길보다 뒤안길을 찾는 진정한 여행자가 되는 것이다.

세월의 파편이 그려 내는 유년의 기억이라는 것은 단순하기 이를 데 없다. 하지만 경험이 쌓이고 이해의 폭과 깊이가 생기면서 조금씩 보이는 것. 그것은 과거와 현재의 세월을 떠돌다 남긴 현실의 지문들로 나타나는 결과물이다. 노을 지는 산 너머에는 따뜻한 저녁이 있고, 정성을 쏟은 예술작품 너머에는 손 떨린 아름다움이 있으며, 단어 하나 문장 하나 지우고 고쳐 쓰는 작가의 손길 너머에는 고뇌와 환희가 있다는 것을 알아갈 즈음 이마의 주름살이 깊어진다.

9회 말이 되어야 결과를 아는 야구처럼, 마지막 장면을 모르고 보는 영화처럼 너머로 가는 지름길은 없다. 산을 뚫은 터널이 속도와 시간의 빠름이 있을지라도 기대하고 동경하는 맛은 없다. 어두운 터널에 빠져드는 그 순간 꿈은 또 다른 터널에 묻혀 버리고 만다.

그 너머의 아이들은 기억 속 그대로 머무는데 이곳의 나는 오랜 시간의 흔적이 빚은 낯선 존재로 머물고 있다. 무지개 너머를 꿈꾸던 순수한 기억들이 왜 가끔씩 그리워질까. 흔들리는 찻잔처럼 그 너머를 꿈꾸는 내가 흔들린다.

귀에 대한 명상

이 찜찜함은 뭘까. 슬그머니 일어서는 궁금증. 귓바퀴가 신경을 모은다. 누가 내 말을 들으랴. 이것도 쓸데없는 걱정이지 싶어 피식 웃는다. 사물에도 귀가 있다는 생각을 한다. 나의 행동이나 중얼거림에 반응을 보이는 구석들, 벽이 웅성거린다. 구석이 귀를 세운다.

보기 싫으면 눈을 감고, 말하기 싫을 때 입을 닫는다. 하지만 귀는 무음 모드가 없다. 보이는 것이 전부인 듯 시각에 의존해 왔다. 그러나 보기에 앞선 것이 듣기였다. 청각은 엄마 뱃속에서부터 작동한다. 태아에게 음악을 들려주고 책을 읽어 주는 일이 가능한 이유다. 생후 6개월이 지나야 겨우 눈의 초점을 맞출 수 있는 것이 시각이다.

이목구비(耳目口鼻)는 생존의 컨트롤 타워다. 먹을 것을 찾고 섭취하는 건 눈과 코와 입이다. 하지만 안전이 담보되어야 하는 일. 주변의 위협을 소리로 먼저 감지하는 귀가 필요하다. 시각의 한계를 도울 수 있는 청각. 눈은 대상과 시선을 일치시켜야 제 기능을 발휘하지만 귀는 모든 방향에 열려 있다.

시각과 청각의 공감각적 환치는 귀로 듣는 눈, 눈으로 보는 귀를 만들어 준다. 안면 양쪽에 나란히 붙어 있는 것은 긴밀한 동반자인 까닭이고, 이목구비가 몰려 있는 것은 지휘부이기 때문이다. 생각을 행동으로, 결과에 책임을 져야 하는 이들이 서로 가까운 거리에서 협력하고 빠르게 소통하라는 뜻이다.

코를 중심으로 눈과 귀가 대칭으로 자리한 것은 어느 한쪽에 치우치지 말라는 뜻. 이쪽과 저쪽, 현실과 이상, 사실과 거짓의 경계를 긋되 어느 한쪽을 배제하지 않는 경계선 위에 귀는 존재한다. 두 개인 것은 잘 들으라는 뜻도 있지만 균형 감각을 가지라는 의미가 더 커 보인다. 한쪽만 열거나 닫아 버릴 때, 균형을 잃어버린 소리는 얼마나 위험을 키웠던가.

고흐가 라셀에게 바친 귀는 쓸데없는 소리를 잘라 버리고 싶었던 것. 그는 두 개여서 듣기 싫어도 들어야만 하는, 아니 다 들려오는 온갖 소리가 괴로웠을지도 모른다. 홀가분했을까? 소리의 불균형이 명작을 남겼다는 위안은 훗날의 입들이 만든 그럴듯한 소문이다. 그는 아마도 정신적 불균형을 귀 때문이라고 생각했는지도 모를 일이다.

귀는 얼굴의 손잡이다. 이 말랑한 것을 어떻게 잡느냐에 따라 표정이 달라진다. 아이들의 키를 키우고 싶은 마음에 두 손으로 쭉 부드럽게 잡으면 기쁨이, 비틀어 올릴 땐 찡그린 비명이 쏟아진다. 사랑과 훈계는 주어지는 힘에 따라 달라진다. 두 귀를 잡힌 토끼는 치명적이듯, 분노를 움켜잡은 손에는 사랑이 없다.

시간의 먹잇감이 된 늙은 귀는 슬프다. 어두워지기도 하지만 얇아진다. 쓸데없이 목소리를 키우고 달콤한 소리에 쫑긋 세우다가도 거슬린 소리에 발끈, 예민해진다. 소통의 왜곡으로 거친 고함을 지르는 것은 비껴간 소리들이 입으로 몰려든 탓일까.

벽을 보고 혼자 중얼거리며 보내는 하루. 말을 들어줄

반려동물이라도 있으면 다행이겠다는 어느 노모. 인기척마저 닫아 버리고 대문 앞 계단에 앉아 무한정 기다림을 키운다. 종일 귀가 자란 골목은 바람 소리, 대문 여닫는 소리, 발걸음 소리에도 민감하다. 점점 커지는 고독만큼 들어줄 귀가 절실하다.

귀는 소통의 창구. 문제가 생기면 바닷길을 오독한 배가 항로를 이탈하듯 방향을 잃고 표류하다 고립될지도 모른다. 널리 듣고 덕을 펴라는 의미로 해석되는 청(聽)이다. 입이 앞선 사람들은 불안을 키운다. 지도자를 뽑을 땐 입명창에 현혹되지 말고 귀명창인지 살펴야 한다. 없는 소리를 만들어 내는 이명(耳鳴)이나 제대로 된 소리를 듣지 못하는 난청(難聽) 장애가 있는지.

사물은 가식 없는 단순함으로 말한다. "들어줄 귀가 여기 있다." 마음을 열어 그 누구와도 소통하고 싶어 한다. 자주 숲에 드는 것은 비루한 말이 쌓인 귀를 청소하고, 쓸데없이 내뱉은 말을 거둬들이고, 하고 싶은 말을 들어줄 열린 귀들이 많아서다.

나무를 키운 수많은 잎사귀, 묵언으로 좌정한 바위, 마음을 비운 고목, 바람에 실려 오는 여린 나비, 때맞춰 피어나는 꽃과 숲을 오가는 새들, 작은 풀벌레들까지. 숲속 생활의 흐름 속에서 작은 파문까지도 감지하는 예민한 귀가 곳곳에 있다. 숲에 들면 속이 후련해지고 머리가 맑아지는 까닭이다.

미세한 소리도 놓치지 않는 사물의 귀들. 신이 만들어 놓은 것들이다. 하고 싶은 속말을 다 쏟아내면, 제 그릇만큼 받아들이고 비밀스런 해답을 전해 준다. 사물은 귀담아 들어줄 준비가 되어 있다. 누구라도 자신의 귀로 들을 수 있지만, 귀담아 듣는 일은 다른 문제다. 마음은 끊임없이 떠들어대는 수다쟁이. 그동안 보이지 않는 귀들을 무시한 채 나는 얼마나 헛말들을 흘렸나.

귀여운 고집쟁이들

무성한 잎들의 여름, 숲은 작은 새들의 천국이다. 직박구리, 곤줄박이, 찌르레기, 참새…. 노래하고 춤추는 숲이 들썩인다. 작은 오솔길은 새들의 노래로 가득하고 아름다운 선율의 공연장으로 바뀐다. 청중의 많고 적음을 가리지 않는 쉼 없는 노래, 신은 작은 새들에게 말 대신 노래를 선물로 주었나 보다.

세상에 우울한 새는 없어 보인다. 새들이 우울하다면 노래는 없었을 것. 낮은 바람의 파동을 일으키는 파닥이는 날갯짓을 보면 저들이 지금 이 순간을 얼마나 소중하게 사는지 알 것 같다. 우울할 틈이 없는 삶의 기쁨이 노래를 만들었다. 오롯이 지금을 사는 작은 새들의 행복. 내 하루도

저처럼 매 순간 살아 있는 기쁨으로 충만한지 새들에게 물어볼 일이다.

높이 나는 새가 멀리 본다. 맞는 말이다. 그러나 낮게 나는 새가 가장 자세히 본다. 적확한 말이다. 하늘과 땅 사이를 오가지만, 현재가 절실한 작은 새들은 높이보다는 낮음을 따른다. 낮은 숲의 삶을 거짓 없이 사랑하기 때문이다. 낮게 머리를 조아리는 비굴함과는 다르다. 땅의 소산을 먹고, 떼로 몰려다녀도 다툼이 없다. 그 많은 새들이 길 없는 낮은 덤불 속을 이리저리 헤집고 다녀도 부딪침을 보지 못했다. 놀라운 집단행동, 절대 제 갈 길을 잃지 않는 그 정밀한 소통이 신기할 따름이다. '새대가리'라는 놀림 말은, 길 잃어 헤매는 인간의 입으로 할 말은 아니다.

작은 새들의 고집스러움이 좋다. 낮은 숲을 떠나지 않는 것, 너무 먼 것과 큰 것을 탐하지 않는 것, 부지런한 것, 더불어 사는 것과 같은 무던한 고집을 존중한다. 그런 고집마저 없다면 저 작은 것들이 어떻게 거친 세상을 살아낼까. 그들만이 터득한 생존의 방식이고 질서이리라. 지혜 있는 자들은 이카로스의 날개를 부러워하지 않듯,

저들에게서 깨달음을 얻은 자만이 낮은 곳에 처하는 현자들을 헤아린다.

인간의 욕망이 하늘에 불을 지필 때, 호기심 많은 작은 새들은 땅에 천착한다. 자연의 셈법으로 당당하게 살아가는 것들은 아름답다. 신이 왜 세상에 작은 새들을 보냈는지, 이제 조금은 알 것 같다. 새들의 노래, 쉼 없는 지저귐을 좋아한다. 발랄하고 귀여운 저 고집쟁이들을 사랑한다.

개와 강아지

"후배님, 앞집 개 봤어요?"

"아, 강아지요? 못 봤는데요."

'개'에 힘을 준 선배의 말에 나는 '강아지'에 힘을 주었다.

기수 차이가 얼마 나지 않아 내게 꼭 '후배님'이라 존칭을 하는 선배는 아파트 같은 통로 앞집에 살다가 얼마 전세를 놓고 서울로 이사했다. 그런 그가 전화로 가끔 물어오는 것은 앞집이 개를 키우는지 아닌지 확인해 달라는 것이었다. 계약서에 개를 키우지 않는 조건으로 입주하기로 했다며, 혹 보게 되면 꼭 좀 알려 달라는 부탁이었다. 세입자가 분명 입주 전 개를 키우고 있었다는 것도 함께 전했다.

사실은 앞집이 이사 오던 날 강아지가 한참을 짖었다. 울음소리로 보아 분명 몸집이 작은 종임을 짐작했다. 매일 저러면 어쩌지 싶어 조금 걱정도 했다. 그러나 다음 날부터는 짖는 소리를 듣지 못했다. 아마 이사 첫날 환경이 바뀐 탓이었을 게다.

어느 날 황갈색에 은빛이 감도는 요크셔테리어를 안고 있는 아가씨와 마주쳤다. 엘리베이터의 어색함을 지우려는 듯 아가씨가 먼저 인사를 했다.

"앞집 아저씨죠? 잘 부탁드려요."

나는 강아지에게 눈길부터 주었다. 강아지를 안 키우겠다는 계약을 의식하지는 않았을 텐데, 내가 그 사실을 알고 있다는 것도 모르는 이 천진한 주인과 강아지를 어쩐다. 고개를 갸우뚱거리는 강아지가 까만 눈망울로 올려다보았다.

"이름이 뭐예요?"

"순이요."

순이? 아니, 이런 우연이. 내 이름 끝 자를 떠올리며 풋, 웃음이 새어 나왔다. 족보의 관례에 따르면 같은 항렬은 형제가 아닌가. 강아지와 사람의 친숙한 관계라니!

개를 키우던 시절이 있었다. 그 처음은 초등학교 때다. 이름은 '메리'였는데 덩치가 작고 까만 잡종이었다. 이름만큼 이쁘지는 않았지만 나를 잘 따랐다. 어느 날 아랫집 셰퍼드 '해피'와 몸을 붙이고 있는 게 싫어서 작대기를 집어 집요하게 훼방을 놓았다. 해피는 시름시름 앓다 갔고, 메리도 얼마 후 해피를 따라 같은 죽음의 길로 가 버렸다. 그 후 부모님은 개를 들이지 않았다.

개를 다시 만난 것은 군 지휘관 시절이었다. 진돗개 '쫑'이 있었고, 잡종견 '월매'가 있었고, 호랑 무늬의 늠름한 '호피'도 있었다. 가는 곳마다 개가 있었다. 모두 전임자들이 키우다 남겨 둔 것이었다. 녀석들은 든든한 호위무사였다. 관사를 지키는 보초병이어서 문밖에 집이 따로 있고 먹이는 잔반이었다. 덩치는 컸지만 친밀함의 정도로 따지면 인간과 함께 생활하는 애완견 수준 그 이상이었다.

이제 개는 애완의 수준을 넘어 반려가 되었다. 문밖이 아니라 집 안에서 동거한다. 식구가 된 것이다. 그런 식구를 계약서에 명시했다고 떼어놓고 올 수 있었을까.

선배가 생각하는 개는, 무례하게 짖고 아무 곳에나 배설하고 집 안 시설을 훼손하거나 날리는 털로 수챗구멍을 막히게 하는 귀찮은 존재, 위험한 동물이 아닐까. 내 집의 가치를 떨어뜨리는 존재여서 절대 받아들일 수 없다는 생각이었을 것이다. 그럴 수 있다. 누가 옳고 누가 그르다고 판단할 수 없는 것처럼 누구나 자신의 판단은 있는 것이니까.

앞집이 생각하는 강아지는 부르면 조르르 달려와 안기는 어여쁜 가족. 누구를 흉보지도 않고 탓도 하지 않으며 비밀을 발설하지도 않는 믿음직한 친구다. 기분을 아는지 함께 슬퍼하고 함께 기뻐하는 반려다. 그래서 가족은 절대 누가 뭐래도 떨어질 수 없는 존재여서, 계약서에 서명을 했더라도 함께 입주하게 된 것이리라. 어떻게 똑 떨어뜨리고 이사를 할 수 있었겠는가. 그 집 강아지는 그냥 강아지가 아니어서, 같은 견주(犬主)를 만나면 '우리 애'가 되고 '막내'가 되고 '꼬맹이'가 되는 것.

지금부터 나는 아무런 강아지도 만나지 않았으며, 앞집을 마주친 적도 없는 무심한 사람이 되어야만 하는 것인가. 그래야 선배에게 개를 보지 못한 사람이고, 앞집에는 주인에게 일러바친 고약한 이웃이 되지 않을 것이 아닌가.

휴대폰 화면에 선배의 이름이 뜬다. 잠시 긴장한다.

"후배님, 소화기 입주 때 있던 것 그대로지요? 한 달에 한 번씩 흔들어 주지 않으면 굳어서 못 써요. 유효기간 10년이 넘었어요. 바꾸세요."

휴, 다행이다. 그러나 언제까지 나는 이 문제에 신경을 써야만 하는 것일까.

초록

대단한 마력이다. 스타벅스까지 홀렸으니. 평화와 친환경 이미지에 마녀 세이렌을 조합한 로고. 아이러니다. 순수한 미소와 달리 세이렌은 아름다운 노랫소리로 뱃사람들을 유혹해 배를 난파시켰기 때문이다. 뱃사람을 홀리듯 고객의 마음을 사로잡겠다는 세계적 커피 브랜드 스타벅스. 그리스 신화의 여신의 아름다움만큼이나 맛있는 커피를 기대하라는 유혹이자 상술이 아닐 수 없다.

필라델피아의 한 스타벅스 매장에서 주문을 하지 않고 자리에 앉아 있던 흑인 남성이 직원의 신고로 경찰에 체포되면서 인종 차별 논란이 일었다. LA 매장에서는 흑인 남성이 화장실 사용을 거절당한 영상까지 공개되어 불매

운동으로 번졌다. 커피 농장에서 끔찍한 착취에 시달렸던 흑인 노예의 슬픈 눈물이 되살아나는 듯했다. 녹색 로고의 미소와는 다른 평화롭지 못한 일이 벌어진 것이다.

가장 세속적인 공간을 신성하고 세련된 신화적 공간으로 만든 스타벅스. 로고의 초록은 상업 수단으로 활용되었다. 세이렌의 유혹을 이겨 낼 사람보다 굴복할 사람이 많아 보이는 것은 아름다운 패배가 곧 사랑을 쟁취하는 것처럼, 달콤한 유혹에 빠진 사람들에게 안식과 휴식을 주는 초록에 대한 반란은 없어 보이기 때문이다.

초록이 일상인 이들이 있다. 필리핀 바나우에 라이스테라스의 사람들. 가능할 것 같지 않은 험준한 산비탈에 세계 최대의 계단식 논을 만들어 낸 것은 경이롭다. 조상 대대로 물려받은 초록은 2천 년이 넘었다. 그들에게 녹색의 원시성은 삶의 본질이자 양식이다. 자연에 몰입되어 있는 문명과 기술의 지배를 원치 않는 녹색들이다.

먹을 것과 누울 곳 외에는 아무것도 필요치 않아 보이는 그들에게 손은 곧 농사 도구다. 단단한 나무와 동물의 뼈로 시작해서 2천 년 이상 진보한 것이 고작 쇠붙이 삽이나 곡괭이다. 야전삽 하나로 나무를 자르고 집을 짓고

참호를 만들었다. 그것들이 백병전의 무기였다는 노병의 전설이 그럴듯하다.

소박한 터전을 이루기까지, 초록은 마냥 풍족을 의미하진 않는다. 산림과 맑은 물과 공기만으로 배를 채울 수는 없었으니까. 라이스 테라스는 쌀을 얻기 위한 치열한 생존 현장이다. 손으로 훑어 낸 벼를 절구에 찧어 방 안 화로에서 밥을 짓고, 논에서 잡은 우렁이 조림으로 반찬을 삼는 곳. 이들의 간소한 식생활은 평생 아파트의 화장실 숫자를 늘리다 죽어 가는 문명과 대비된다. 영혼이 가난한 문명인보다 풍족한 미개인의 삶이 돋보이는 까닭이다.

누가 강조하지 않아도 필요에 의한 다산(多産)으로 미래 농부들의 얼굴엔 천진함이 가득하다. 전통적 유기농을 고집하며 생명과 건강의 색 초록을 누리는 천상의 사람들. 땀으로 일궈 내는 녹색의 노동과 달콤한 휴식은 그들이 누리는 최고의 여유로움이다.

책과 강연, 커피와 빵, 잔잔한 음악이 한 공간에 어울리는 곳. 긴장을 누그러뜨리고 정신의 풍요를 키우는 정숙한 향연이 펼쳐지는 곳. 빼곡한 비목의 숲에서 죽은 나무들의 스토리를 읽는 북 카페는 초록과 친하다. 바람 소리,

새소리, 가끔씩 제 짝을 부르는 산비둘기의 울음소리, 초록빛 생각을 길어 올리는 활기찬 여름의 소리에서 태어난 언어가 그득하다. 서가에 등을 기대고 앉은 게으른 사색가들의 모습이 여유롭다.

개그우먼 김지선 씨는 초록리본도서관의 공동대표다. 갈 곳 없는 어린이와 청소년들을 위한 안전한 쉼터이자 아름다운 꿈의 공간에서 어린 연둣빛들은 초록빛으로 자란다. 책들이 살고 있는 집, 작은 새 한 마리도 따뜻하게 품어 주려는 숲을 닮은 마음이 읽힌다. 이기적 삶에 익숙한 이즈음 가슴을 뚫어 주는 초록의 힘이다.

도심 속에 보물 같은 공간, 초록의 숲에 묻히면 원시림에 들어선 듯 정신적 노예 생활에서 해방된다. 물질적 풍요도 결핍의 불안도 대수롭지 않다. 초록 낙원에서 그것들은 한날 추풍낙엽이다.

초록은 중용의 색이다. 빨·주·노·초·파·남·보 무지개 일곱 빛깔 중 가운데 자리를 차지한다. 색깔의 순서도 파장이 긴 붉은색이 무지개 바깥쪽에, 중간 파장의 초록을 기준으로 파장이 가장 짧은 보라색이 안쪽에 있다. 중간은 어물쩍한 색깔이 아니라 중용이다. 양 극단에는 항상 위험이

도사리고 있다. 지나침과 모자람 사이의 중용은 산술적 중간이 아니다. 평형의 상태, 혹은 형평이다. 그러나 양극의 균형을 잡기란 말처럼 쉽지 않다. 중간이 없는 정치, 중간을 저버린 사회는 얼마나 위험한가.

중간을 대변하는 초록. 튼튼한 시민이 없는 사회는 허리가 부실한 몸과 같다. 봄의 연두에서 시작한 나무가 계절의 중간인 초록의 여름을 거쳐 붉은 가을을 맞이하듯, 초록은 위와 아래, 좌와 우를 아우를 수 있는 색이다. 빨강이나 파랑, 보이지 않는 편을 가르거나 이념의 굴레를 씌우지 않는 믿음 가는 빛깔이다.

파문

후드득 날개를 접는 백로들. 화들짝 깨어난 천변이 소란스럽다. 내가 앉은 곳까지 물살이 퍼진다. 가느다란 발을 따라 동그라미가 옮겨 간다. 걸음이 만드는 수많은 파문을 재빨리 화면에 담는다. 나를 주시한 예민한 날개들이 셔터 소리에 놀라 다시 공중으로 흩어진다. 수면이 저 혼자 흔들린다.

물을 터전으로 삼는 것들에겐 어쩔 수 없이 파문이 따라다닌다. 그러나 그것은 행보의 증명일 뿐이다. 걸음이 사라지면 어느덧 파문도 가라앉는다. 고요한 물 위에 실핏줄처럼 번져 가는 소금쟁이의 작은 파문이든, 제 무게를 못 이겨 수직으로 떨어지는 빗방울이든, 백로가 머물다

날아가 버린 수면처럼 말이다. 자연이 만들어 내는 항상성(恒常性)이다.

파문의 뒤끝은 사람들에게 있다. 앙금이 갈댓잎처럼 아픈 기억을 서걱거리게도 한다. 찻잔 속 파문과 달리 죽은 듯 숨어 있다가도 어느 날 불쑥 튀어나와 뒤통수를 치거나 발목을 움켜잡는다. 어쩌면 인간의 역사는 수많은 파문의 흔적인지도 모른다.

파괴, 파멸, 파산, 파벌 같은 말은 비수를 감춘 두려움이다. 파문도 마찬가지다. 신문, TV, SNS는 이들의 매개체다. 휴대폰, 컴퓨터, 그리고 자신도 모르는 감시자의 보이지 않는 은밀한 저장고는 이들의 은신처다. 고성능 안전장치도 무화시키는 강한 폭발성으로 제 발등을 찍지 않으려면 파문의 생산, 유통, 저장에 신중해야 한다.

말은 파문의 진원지다. 마음의 출구이자 문제의 시작이다. 말이 글이나 행동보다 앞질러 가는 것은 그만큼 익숙하고 쉬워서다. 보이지 않는다고 사라진 것은 아니다. '말이 씨가 된다'는 것은 뱉은 말이 소멸되지 않고 어느 구석에서 기회를 엿보고 있음이다.

시위를 떠난 화살과 입을 떠난 화근은 돌이킬 수 없다는 공통점이 있다. 한마디 말이 사람을 괴물로 만들거나 품위 있는 인간이 되게도 한다. 상처 난 과녁에 박혀 고통을 주거나 감동의 과녁에 명중되어 기쁨을 주거나 하니까 말이다. 말의 타락이 어지럽게 널려 있다. 홀로 삭이지 못해 고통을 받다 끝내 목숨을 버리는 비극을 보면서도 무감각해지는 일상이다.

히틀러의 연설을 영상으로 본 적이 있다. 집권 25년간 그는 말로써 군중을 사로잡았다. 과장된 몸짓과 눈을 부릅뜬 표정에 동원된 횃불과 서치라이트 불빛, 그리고 웅장한 음악이 그의 위상을 치켜세웠다. 철저히 계산된 무대장치 속에서 그는 카리스마가 넘쳐 보였다. 그러나 그가 뱉은 말은 참혹한 파문을 낳았다. 말에 현혹된 군중들은 광적인 나치 신봉자가 되었고 히틀러의 배후가 되었다. 자신만만하게 세계대전을 일으켰고, 600만 명의 유대인을 학살했다. 말에서 소리가 사라지면 어떨까, TV 소리를 줄였다. 음이 소거된 히틀러는 우스꽝스러운 풍선 인형일 뿐이었다.

말이 곧 행위인 정치가들, 그들의 말에서 진실과 거짓을 분별하기란 쉽지 않다. 곧이곧대로 믿을 사람이 과연 얼마나 될까. 편 가르는 것은 그들의 오래된 수법이다. '누가 한 말이냐'가 중요한 기준이 되기 때문에 내 편이 아니면 시시비비를 가리기보다는 일단 부정부터 하고 만다. 제 울타리 안에서만 허용되는 것들이 진실이다.

좀처럼 사라질 줄 모르는 타락한 말의 파문들. 상처를 보듬을 너그러움은 점차 사라지는데, 칼끝을 밖으로 향한 파문은 뛰쳐나갈 기회를 엿본다. 무덤덤하게 넘기는 다수를 믿고 악성 바이러스처럼 위세를 떨친다.

'참'이란 사실에 맞는지 맞지 않는지에 달린 것이 아니라, 우리 편이 그 말이 옳다고 동의해 주는가에 달려 있다. 사실, 진리, 옳고 그름이 사라진 '진리 이후(post-truth)'의 시대라는 말이 암울한 까닭이다.

진영 논리에 빠지지 않으려면 귀찮아도 파문의 진원지를 찾아보고 어느 편에 이익이 되는지, 그것이 개인의 욕심인지 공익인지도 살펴봐야 한다. 강 건너 불 보듯 방관자가 되지 말아야 하는 것은, 타락한 말의 파문이 언젠가는 나를 덮치기 때문이다.

어느새 사라진 물의 파문. 자연의 소멸은 아름답다. 시끄럽게 흔들리는 안과 밖도 서서히 가라앉았으면 좋으련만.

해토머리

신발 밑창에 들러붙는 질척한 기척. 바삭, 부서지던 그 소리와는 분명 다르다. 겨우내 움츠렸던 낙엽들이 축축한 물기를 머금고 있다. 그러나 벌거숭인 채 지켜보는 나뭇가지 사이로 스치는 바람. 그런데 느낌이 조금 다르다. 적막한 기운 속에서 불쑥 상쾌한 기운이 튀어나올 것만 같다. 겨울의 끝자락이자 봄의 시작을 알리는 흙내음에 새 생명이 잉태하고 있음이 전달된다.

3월이면 으레 봄이라 생각했다. 입학과 새 친구와 새 학기와 새내기란 말들이 자연스럽게 등장하는 달. 어린 시절 도화지에 처음으로 그림을 그릴 때처럼 두근거리고 설렜다. 그러나 봄은 불쑥 오는 것이 아니었다. 어느 날 갑자기 오는 것도 아니었다.

겨울을 비집고 나온 복수초는 벌써 봄이 온다는 걸 알고 대비한 첫 소식. 노란 꽃 빛깔은 이른 봄을 알리는 새초롬 추운 빛깔이다. 긴 겨울밤 한숨과 눈물로 뒤척이던 시간을 참고 견딘 것, 시린 몸 도사려 죽은 듯 살아낸 것도 봄이 오리라는 믿음 때문이었다. 복과 장수를 뜻하는 이름에 걸맞게 이른 봄 눈 사이에 피어난 기쁨이자 환희였다. 뭇 야생초들은 그렇게 꽃을 피워 낸다. 짧은 봄을 누리고 노래해야 할 이유다.

10년을 잘 보내려면 아홉수의 고비를 넘겨야 한다던 말씀이 생생하다. 12월을 무탈하게 보내야 새해를 맞이하듯, 계절의 아홉수라 할 수 있는 겨울을 잘 견뎌야 봄을 맞이한다. 이 혹독한 시간을 이겨 내지 못한 나무와 풀은 봄의 교향곡을 듣지 못한 채 쓰러져 갔다. 사람이라고 다를까. 노약자들이 희망의 전주곡이어야 할 즈음에 장송곡을 들어야 한다면 얼마나 허망한 일인가. 활짝 핀 봄의 표정들은 그렇게 아픔을 견딘 기적과 같은 회생의 소산이었다.

책을 펼쳤을 때 맨 처음 읽는 부분이 머리말이다. 곧이어

전개될 이야기들의 대강을 가늠하게 한다. 머리를 필두로 여러 모양과 빛깔의 이야기가 주렁주렁 매달린다. 엄마 뱃속에서 아기가 머리부터 내밀고 나오면 모든 지체가 순순히 따라 나오듯이. 자연의 이치도 이처럼 대지를 발판 삼아 무엇인가 시작하는 봄의 머리로부터 몇 달 후면 하늘을 가릴 만큼 무성한 잎들을 보게 될 것이다. 각각의 이파리에도 숨은 스토리가 있다. 비밀스런 이력을 찾아 하나하나 읽어 낼 때 독자의 즐거움은 배가된다.

머리가 이끌어 내는 힘으로 생각을 정리하고 계획한다. 그것으로부터 모든 일은 시작된다. 머리는 몸의 지배자이자 최고의 컨트롤 타워다. 모든 일에 앞서야 하기 때문에 그만큼 책임도 위험도 감수한다. 머리가 굳으면 완고해지고 쓸수록 생각을 키운다. 몸을 움직인다는 것은 머리가 그려 낸 것을 행동으로 옮기는 것이다.

일머리를 아는 사람은 어떤 일이든 술술 잘 풀어낸다. '머리 꼬리'가 없다는 말은 앞뒤 없이 뒤죽박죽이어서 갈피를 못 잡을 때 하는 말이다. 떠오름에 대한 준비가 새벽머리라면 시작은 떠오름의 첫걸음이고, 해 질 머리는 사라짐에 대한 준비다.

살갗에 전해지는 미묘함. 생명의 기운이다. 문득 옷이 두껍다는 생각이 들고 칙칙함을 벗어 버리고 싶은 성급한 충동마저 느낀다. 사물이나 일의 윗부분이 머리이고 보면 봄은 계절의 머리다. 그러니 나는 봄을 머리라 쓰고 시작으로 읽는다.

호모 로퀜스의 그늘

"침묵하면 불편해지고 말을 하면 우스워져."

헤르타 뮐러의 장편소설 『마음짐승』의 첫 문장을 읽으며 고개를 끄덕인다. 내가 하고 싶은 말인데 이리 문장을 빌려 나오니, 긍정의 긍정 한 표, 촌철살인이다.

"발로 풀을 밟듯 입속의 말들로 우리는 많은 것을 짓밟는다. 침묵으로도 그렇게 한다"는 문장에 이르러서, 말이 타인과의 소통이라면 침묵은 자신과의 소통이다.

눈물은 가슴의 대변자이고, 침묵은 소리 없는 말의 대변자다. 적절한 침묵이 때로는 어떤 말보다 강하다. 입을 다물수록 궁금증은 증폭된다. 존재감 또한 커진다. 하지만 침묵은 금이 아니라 비겁함이 될 때도 있다. 세상이

어지러울 때, 소인 잡배들을 향해 꾸짖는 소리를 들을 수 없는 것도 이와 다름이 아니다. 가만 있으면 중간이라도 된다는 건 교묘한 회피다. 말은 해야 맛이고 뱉어야 직성이 풀리기 때문이다.

말을 많이 하면 할수록 실수가 따르게 마련인 것은, 쓸모 있는 말이 줄어들기 때문이다. 덜어내지 못하는 말의 욕심, 거기에 자의적이고 순간의 감정을 덧입혀 쏟아내는 말은 듣는 사람의 마음을 닫아 버리게 만든다. 더구나 부끄러움을 모르는 자들이 내뱉는 저들만의 '정의'는 이제 웃음거리조차 되지 못한다. 침묵도 때로는 일종의 절규다. 어떤 경우든 소통 부재의 문제가 아니라 소통의 품격이 문제가 된다.

말의 힘으로 유명세를 탄다. 대화를 많이 하는 사람이 리더가 되기 쉬운 까닭이다. 정치가들의 생리를 조금만 안다면 쉽게 이해가 된다. 이들의 말은 많은 사람들을 설득하기 위함이다. 보지 못하는 장애가 있어도 대화가 가능한 사람은 리더가 될 수 있다고 한다. 말의 힘이 그만큼 크다는 뜻이다. 진실은 고함이 아니라 품위를 갖춘 낮은 소리를 좋아한다는 것을 현명한 리더들은 잘 안다.

내가 아는 그는 옳은 말을 잘하는 사람이었다. 그의 생각에 공감하는 때가 많았다. 하지만 대다수는 그가 한 말의 진의(眞意)를 이해하지 못했다. 이유는, 옳은 말인데도 불구하고 옳지 않은 방법으로 발설했기 때문. 시쳇말로 '싸가지' 없게 말했기 때문이다. 생각을 대변하는 말이 인간의 무기라고 해도, 그 말이 상대에게 굴욕을 주거나 비아냥으로 느껴질 때는 이미 말이 아닌 '우스개'가 되고 만다. 참을 수 없는 가벼움이 다변(多辯)을 낳고, 그 말이 지울 수 없는 파문을 새겼다.

막말로 상처를 입히는 사람도 있다. 무자비한 말은 폭력이다. 특정인을 향해 퍼붓는 저주에 가까운 말 때문만이 아니다. 그 사람이 보통의 시민과 다른, 타인의 정신을 다스리는 영적인 지도자라는 점에서 기대는 실망으로 바뀌고 말았다. 나와 생각이 다를 땐 기분이 상할 수 있다. 그래서 분노의 파도가 밀려올 수도 있다. 그렇다고 분노를 막말로 배설한다면 설득의 힘은 사라지고 만다. 진정한 분노일수록 정중한 마음을 담아야 힘이 있다.

험한 말을 들어줘야 할 때가 있다. 그것이 '저지대'의 삶뿐만 아니라 젊은이들의 절규라면 더욱 그렇다. 꿈을

성취하려 발버둥쳐도 도무지 희망이 보이지 않을 때 어둠이 우격다짐으로 에워싼다. 한 줄기 빛마저도 외면해버릴 때 찾아오는 절망감은 함께해야만 하는 의무처럼 느껴진다. 삶의 무대에 제대로 서 보지도 못하고 이방인처럼 살아가는 그들을 이해한다면 절규에 욕설을 담았다 한들 가슴으로 받아들여야 한다. 그것은 너그러움과는 다른 의미다. 그들만을 탓할 수 없는 제도와 여건과 무관심 때문이다. 그들의 증오를 단순한 화풀이로 볼 수 없는 이유다.

우울한 말의 그림자를 본다. 말을 해야 할 때 침묵하고, 침묵해야 할 때 말을 한다. 침묵과 말을 때맞춰 자유롭게 할 수 있다면 도(道)의 경지에 이른 사람이다. 어렵다. 하지만 그것을 분별해 쓰려는 애씀의 정도에 따라 품격은 달라진다.

"침묵하면 불편해지고 말을 하면 우스워져."

침묵과 말 사이에서 헤매는 '말하는 인간(호모 로퀜스)'의 존재가 왠지 더 씁쓸해지는 요즘이다.

나는 때로 잊히고 싶다

"카톡!"

일찌감치 나를 소환하는 소리. 대수롭지 않게 흘려 버리려 해도 궁금증이 발동한다. 귀가 얇은 게 문제다. 그러려니 나중에 봐도 무방하지만 참을성 없는 손이 먼저 접선을 한다.

여러 개의 단체 톡방이 있다. 가입 인원수로 따지면 수백 명이 넘는다. 저마다 한마디씩 꼬리 무는 글들, 손은 재빨라야 하고 동공은 커져야 한다. 그러나 긴박함도 심각성도 없는 가십에 가까운 글을 접할 때의 실망감이라니. 몰라도 될 것을 시시콜콜 알아야만 하는 상황이 버겁다. 단체라는 이름으로 불려간 마당, 탈퇴도 자유롭지 않다. 공연히 봐야 하는 눈치. 이런 작은 일에 휘달리다니, 적잖이 귀찮다.

알릴 수단을 입과 편지에 의존하던 시절이 있었다. 할머니의 부고를 동네방네 알린 것도 내 발품이었다. 우물가는 입소문의 진원지였다. 사실보다 과장하거나 왜곡하는 경우가 없었던 것은 아니지만, 지금처럼 만인이 귀를 기울이는 시대는 아니었다. 사리를 분별하는 어른의 지엄한 한마디면 소문은 입을 닫았다. 그러나 끝도 없이 물고 늘어지는 말은 어디론가 떠나고 싶어 하는 손을 빌려 쉴 줄을 모른다. 보이지도 않고 알 수도 없는 소문의 진원지가 수두룩한 현실이 혼란스럽다.

뉴스의 진위를 가리는 것도 쉽지 않다. 가짜뉴스는 편을 나누어 대립하게 만든다. 하루에도 몇 건씩 단톡방을 통해 짝퉁뉴스가 불을 켠다. 친한 사이면 모두 내 편이라 생각하는지 끊임없이 '긴급' 꼬리표를 달고 쏟아진다. 때로는 자신의 생각과 다르거나 자신들을 비판하는 진짜를 가짜라고 매도하고 방어 수단으로 삼기도 한다.

새빨간 거짓말을 믿을 사람은 없다. 그러기에 가짜를 만들 때는 약간의 사실에 그럴듯한 거짓을 씌워 꾸민다.

아주 진짜 같은 그럴듯함으로 가공된 것. 오로지 자신의 생각을 강요하기 위해 각종 기재를 동원해 순식간에 퍼트린다. 문제는 받아들이는 쪽에서 그것이 사실인지 거짓인지 알기가 쉽지 않다. 가려서 볼 시간이 없을 뿐 아니라 바쁜 일상에 비판적 사고를 갖기도 어렵다는 점을 파고드는 것이다.

분주한 일상이 더 바빠졌다. 얼굴도 모르는 사람에게 댓글을 달아주고, 수많은 사람과 소통하지만 한 사람을 깊이 알지 못한다. 이미 알고 있는 사람과도 깊은 관계를 맺지 못한다. 자극적인 기사나 깜짝 놀랄 정도로 소리치지 않으면 주목받지 못하는 일상이 된 지 오래다.

눈과 귀는 오로지 손안의 전령(傳令)에게 예민하게 집중되어 있다. 사색과 고요는 사라지고, 디지털이 줄 수 없는 '과정'과 '기다림'은 도태되어 간다. 최전방 군 시절, 수십 리 눈길을 마다하지 않고 한 통의 마음을 우체통에 집어넣던 그 애틋함은 이제 사라졌다. SNS의 촘촘한 그물에 걸린 사람들은 자신이 만들어 낸 디지털의 노예로 전락하고 있다.

'세계가 하나로, 하나가 세계로' 통하는 놀라운 현실을 마치 불통의 세계에서 인간을 해방시켜 준 듯 반겼다. 온라인이 갖는 비대면의 익명성은 유혹적이다. 전통적 관습에 억눌렸던 욕망을 익명이라는 가면을 쓰면 자유롭게 표출시킬 수 있기 때문이다. 온라인은 일종의 페르소나다. 얼굴이나 이름을 감추고도 얼마든지 자신의 욕망을 분출시킬 수 있으니까. 쉽게 마음을 열고, 빠져들고, 확대 재생산까지 열을 올리게 되는 이유다.

좋든 싫든 디지털 화면을 통해 세상은 연결되어 있다. 소란함을 싫어하면서도 아이러니하게도 그 소용돌이로부터 이탈될까 두려워한다. 하지만 조작된 정보에 속을 수 있다는 생각이 슬며시 고개를 들기 시작하면서 조심하는 눈치들이 보이기 시작했다. 가면 속에 감추어진 허위를 본 것이다. 문명으로부터의 역습은 사람이 자초한 것, 그것은 해방의 자유로움이 아니라 또 다른 구속으로 소외되고 있다는 자각이다. 시끄러움 속에서 깨달은 고독이랄까.

온갖 소리가 넘쳐나는 일상. 눈빛과 표정, 움직임과 목소리를 잃어버렸다. 홀로됨과 침묵의 여유도 사라졌다. 같은 편들끼리는 과잉 소통을, 다른 편과는 소통 결핍이 두드러진다. 다이어트는 시끄러운 소리에도 절실해 보인다. '인간을 해방시켜' 주는 척하면서 결국에는 종속시키는' 여러 도구들. 나를 소환하는 끊임없는 소리로부터 때로 잊히고 싶다. 아니, 숨기고 싶다. 하지만 그럴 자유가 내게 남아 있기는 할까.

나잇값 정하기

"나이는 거저먹는 게 아니야."

산책길에서 만난 그루터기에 아무 생각 없이 앉으려던 나는 치열한 생의 지문 같은 나이테를 더듬어 본다. 단단한 나잇값이다. 비와 천둥을 지나 바람과 햇살을 건넌 숱한 기억들이 촘촘하다. 맑은 산소를 내어 준 값, 지구 온난화를 막아 준 값, 새들의 보금자리와 그늘을 제공해 준 값이 고스란히 박혀 있다.

나이를 먹는다고 한다. 내게 드는 것이 아니라 내가 스스로 먹은 나이다. 그렇다면 먹은 만큼 살지고 영양가가 있어야 하지 않은가. 먹어도 먹어도 전혀 배부르지 않다. 나이에 맞는 말과 행동이 몸과 마음에 슬며시 배어든 것을 눈으로 인식하지 못하기 때문일지도 모른다.

어서 어른이 되고 싶었다. 몰래 아버지의 양복을 걸치고 넥타이를 매고 구두도 신어 보았다. 거울 속의 내 모습이 어설펐어도 언젠가 맞이할 어른을 조금 더 앞당기고 싶을 뿐이었다. 정작 어른이 되고 보니 갈수록 속도를 배가시키는 나이를 제어할 어떤 장치도 없다. 대책 없이 나이의 함정에 빠져 허둥대는 꼴이라니, 나잇값을 탓하지 않던 철없는 시절이 좋았다.

값을 치르지 않고 존재할 수 있는 것이 있기나 할까. 어쩌다 청년이 되고, 장년이 되고, 노년이 되지만 그에 맞는 값은 그냥 얻어지지 않는다. 굳이 따지기 시작하면 세대 불문, 누구라도 자유로울 수 없다. 허물과 상처가 없는 삶이 있을까. 멀리 달아나기만 하던 허망한 꿈들은 또 얼마나 많았던가. 자책하거나 나를 과소평가하기도 했다. 그래도 나름의 '꼴값'은 하고 살았지 않았나. 이제와 헐값으로 지난 시절을 매도한다면 억울한 일이다.

나잇값이라는 말 속에는 이중적 의미가 있다. 나이에 걸맞게 행동하라는 은근한 압력이다. 입은 닫고 주머니는 열라는 우스갯소리처럼 보이지 않는 압력이 채찍이 될 때가 있다. 욕심이 많아 움켜쥐면 늙은이고, 가진 것을 나누면 어르신 대접을 받는단다. 그러나 지갑과 갈등하지 않고 순순히 품을 열 수 있는 사람이 얼마나 될까.

완숙한 경지에 이르러서일까, 공자는 나이 칠십을 종심(從心)이라 했다. 무엇이든 하고 싶은 대로 해도 도리에 어긋나지 않는다는 의미다. 종심에 이르면 비로소 나잇값으로부터 자유로워질까. 그 시대로부터 까마득하게 멀어진 지금, 칠십은 종심과 멀다. 수명도 사는 모습도 그때와는 사뭇 달라졌다. 그러나 칠십을 어른의 경지에 도달했다는 하나의 상징으로 본다면, 공자의 주장이 무리는 없을 것 같다.

"나이 먹어 봐라, 내 심정 잘 알 거다."

입버릇처럼 하시던 말씀을 이해할 것 같지만, 그래도 다 이해한 것은 아니어서 백 년은 족히 살 것처럼 나는 '우물 안 개구리' 논리를 끌어온다. 종심의 의미를 내 논에 물 대기 식으로 맞추어 보자는 속셈이다. 이제껏 철든 짓 하려고 애썼고, 의무를 짊어져도 지위가 걸맞아야 한다고 생각했다. 그만하면 충실했다고, 후회는 이제 그만이라고. 그러니 얼마간의 보상은 받아도 되지 않겠느냐고.

이 나이에 무슨…, 마음의 꼬리를 내린다면 손님처럼 살다 가면 된다. 남은 삶의 주인이 되고 싶다면 자신의 나잇값을 스스로 정하리라. 그게 얼마가 됐든 자신이 매긴 값이 가장 솔직하고 정확할 테니까. 시간에 등 떠밀리지 않고 좀 발칙하게 살아봐야지. 비록 실패한 혁명군의 반란처럼 보일지라도 조이기만 했던 나이의 끈을 느슨하게 풀어보는 것이다.

내 나이 세어 무엇하리. 나는 지금 오월 속에 있다. 연녹색으로 번져 가는 오월 속에 남은 시간을 던져 버리기로 했다. 남들 시선에서 멀어지기, 관습에 저항하기, 철없다 값없다 하는 허물을 두려워하지 않기, 나를 억압하지 않고 감정의 노예가 되기, 하고 싶은 일 골라서 하기 등 나를 설레게 하는 것들이 어쩌면 이리도 많은가.

노년이라는 왕관

"저승 노잣돈을 아들 눈에 얹게 해 주게."

영웅 헥토르가 아킬레우스와의 싸움에서 죽음을 맞이했다. 트로이의 마지막 희망이었던 그였다. 자식을 끔찍이 사랑했던 왕 프리아모스는 아들의 시체를 찾아오기 위해 변장을 하고 적진으로 들어갔다.

아킬레우스는 늙은 프리아모스의 부성애에 경의를 표하며 헥토르의 시신을 돌려주었다. 아비의 간절함은 굴종이 아니라 진정한 용기였기 때문이다. 프리아모스는 왕으로서 권위를 누렸을 뿐 아니라 아버지로서도 존경을 받았다. 늙고 힘없는 왕의 모습이 아니라 죽을 때까지 트로이의 대접받는 왕이었다. 호메로스의 서사시 『일리아스』를 원작으로 한 할리우드 영화 「트로이」에서 늙은 왕이 보여준 인상 깊은 장면이다.

늙어서 대접받는 것들, 어떤 것이 있을까. 버스나 지하철의 노인석, 무료승차, 공공시설 입장료 할인처럼 노약자에게 베푸는 배려나 혜택 정도가 우선 떠오른다. 농경시대에는 지혜가 축적된 노인이 대접을 받았다. 일할 수 없어도 당연히 공경을 받았고 한마디 말의 권위에 머리를 조아렸다.

하지만 오늘의 기술 시대에는 시간의 중심이 미래에 있어서 새로운 것을 만들어 낼 수 있는 창의성과 빠른 적응력이 더 중요해졌다. 굳이 노인의 지혜를 구하지 않아도 과거의 경험은 인터넷 검색창 안에서도 충분히 찾을 수 있다. 그로 인해 디지털 시대의 늙은이는 대부분 소외를 겪는다. 늙음이 대접받기는커녕 오히려 짐이 되는 경우다.

오래되어야 대접받는 것을 사람이 아닌 사물로 옮겨 보면 사정은 조금 달라진다. 숙성될수록 맛을 더하는 포도주, 오랜 시간을 가치로 껴안은 골동품, 늦가을 덩그러니 홀로 남겨진 늙은 호박, 감칠맛을 돋우는 노각, 곰삭은

된장, 제 물기를 버린 마른 대추가 그렇다. 늙어지면 효용가치가 떨어지게 마련이지만 이것들은 오히려 대접을 받는다. 예술품이 되거나 돈이 되거나 맛깔남이 되는 것이다.

그렇다고 늙은이가 물건보다 못한 존재가 되었다고 말할 수는 없다. 인간과 사물을 병렬로 놓고 비교할 수 있는 문제는 아니니까. 그럼에도 노인은 복지체계 안에서 시혜(施惠)처럼 여겨지는 구제(救濟)가 아니라 숙성된 인간으로서 대접을 받고 있는지 의문스러울 때가 있다. 능력 상실이 존엄의 상실로 이어지지 않는 품격 있는 그런 존경과 대접 말이다.

그것은 남에게 의존해서, 부탁해서, 구걸해서 얻어지는 것은 아니다. 늙은 사람들이 흔히 바라는 것, 즉 위로와 대접을 받았으면 하는 기대가 누구에게나 있다. 그런 생각을 떨쳐 버리기가 쉽지 않겠지만 그것을 깨뜨리지 않고서는 존엄을 지켜내기가 어렵다. 억지 대접을 받으려 애쓸수록 노년은 추함 쪽으로 기울기 때문이다.

문학행사를 주관한 일이 있었다. 문단을 대표하는 단체장도 초청했다. 여러 사람이 발표해야 하는 행사여서 시간을 아낄 생각에 의례적인 축사를 생략했다. 행사는 잘 마무리되었다. 문제는 입소문을 타고 온 뒤늦은 불평이었다.

“내가 왜 그 자리에 가야 했는지 모르겠어.”

못내 축사의 기회를 놓친 불만이 원로의 입을 통해 나왔다는 것이 찜찜했다. 불만은 ‘대접’을 제대로 받지 못한 것으로 느껴졌기 때문. 나이듦이란 어떤 자리의 높은 위치를 차지한다기보다는, 함께 어울리고 포용하는 위치가 아닐까 생각해 본다. 그분도 그리 생각했더라면 얼마나 좋을까 싶었다.

안타깝지만 노인의 시간은 생기를 잃어버린 시간이다. 자신 안에 쌓인 시간들을 곱씹으며 그것을 ‘인생’으로 추억한다. 지금껏 살아낸 시간, 무엇으로도 바꿀 수 없는 그만의 삶의 방식, 삶의 이력들이 있다. 그 독특함이 한 순간에 폄훼되는 것을 자주 보게 된다. 노인은 위로나 동정이 아니라 그냥 잘 익은 그 자체로 인정받았으면 좋겠다는 생각을 한다.

겉은 낡아져도 속은 날로 새롭게 하는 것. 그것이 품격 있게 늙어 감은 물론, 대접을 받는 길이 아닐까? 모든 기능이 점차 떨어지는 노인은 탁월함과는 거리가 멀다. 병원 진료과가 하나씩 늘어나듯 싸워야 할 전선은 날로 확대되고 육신은 하강곡선을 그리다가 어느 날 갑자기 곤두박질친다. 그럼에도 정신을 새롭게 가다듬으면 육체적 하향곡선을 영혼의 상승곡선으로 조금이나마 보충할 수 있지 않을까. 생각하는 것, 마음 쓰는 것, 사람을 대하는 것, 욕심을 덜어내는 것처럼 소박한 마음으로 정신을 고양시키는 것이다.

늙어서 받을 수 있는 최상의 대접, 그것은 바로 '꿈꾸는 늙은이'다. 구제해야 할 거추장스러운 존재가 아니라 대접할 만한 존재로 거듭나는 것이다. 일이 없으면 존엄도 없다. "하루가 저물어 가면 노년이 불타올라야 한다." 젊어서 미처 이루지 못한 것들을 여전히 생각하고 꿈꾸며 잠을 설치기도 하는 그런 근사한 일을 벌이는 노인에게 대접은 따르게 마련이 아닐까.

그러려면 전제해야 할 조건이 있다. 속절없이 늙어 가는 사람에게 우아하다느니, 황혼의 지혜니, 젊어 보인다느니 하는 따위의 쉬운 위로에 저항해야 한다. 또한 지나온 삶의 커리어가 아니라 언제나 가다듬어야 할 소양에 있음을 먼저 이해하는 일이다. 현실을 치장하는 사탕발림의 말은 안주하게 만들어 앉은뱅이로 주저앉게 할 뿐이다. 늙어서 그저 순해진 노인이 아니라 삶의 지표가 제로 포인트가 되는 그날까지, 꿈꾸는 어른으로 다시 태어나는 것이다.

용기 없는 왕에게 얹어진 왕관은 그저 허울뿐인 장식에 불과하다. 스스로 품격과 존엄을 지켜야 한다. 그럴 때 노년이라는 왕관은 빛을 발한다.

테이크아웃

붉은 벽을 등지고 앉아 풍경을 바라본다. 통기타의 음률에 맞춰 배부른 비둘기가 뒤뚱거리고 연극 포스터를 든 종종걸음이 재바르다. 바람에 제 몸을 흔드는 은행나무 아래 사랑 한 잔씩 테이크아웃한 연인들과 추억을 곱씹는 공원 벤치의 노인이 대조된다. 진한 커피 한 잔을 들고 있는 내 손이 천천히 바쁘다. '아메리카노'는 이미 토종이 아닌 토종이 되어 버린 것 같다.

테이크아웃족이 흐른다. 커피, 샌드위치, 김밥과 같은 편리 음식을 파는 매장이 이들의 기대와 수요를 맞추어 준다. 아침을 손에 들고 뛰는 직장인, 취업 준비생들에게 게으르다는 오명을 씌울 수는 없다. 하지만 점심시간처럼 가벼운 휴식을 겸한 산책일 때는 달라진다. 빠름에 지친 사람들이 잠시 누릴 수 있는 여유가 한 손에 들린다. 느긋한 걸음으로 얘기를 나누거나 벤치에 앉아 햇살의 간지러움을 즐긴다. 잠시 일에서 해방되는 달콤한 시간이다.

단편소설 한 권을 손바닥만 한 크기로 만드는 출판사가 있다. 독특한 발상과 기발한 상상력으로 자신만의 이야기를 구축해 가는 젊은 소설가를 선정하여 손안의 스토리를 탄생시킨다. 다양한 표현들을 한 번에 앉아 읽어 낼 수 있는 분량이다. 저렴한 비용으로 즐기는 테이크아웃이다.

서핑 강사 겸 카페 운영자인 30대 남자는 잘나가던 직장을 포기했다. 수입은 직장 연봉의 반으로 줄었지만 전혀 개의치 않는 눈치다. 안정된 삶이 행복의 전부가 아니라는 것을 깨달은 때문이다. 동쪽 바닷바람에 검게 그을린 얼굴에서 자유와 개방이 주는 웃음꽃이 피어난다. 서핑은 좋은 파도를 만나야 한다며 "완벽한 1%의 순간을 위해 99%의 기다림이 설레고 즐겁다"고 덧붙인다. 정점을 위해 밋밋한 삶의 부분을 과감하게 테이크아웃한 결단이 부러웠다.

거주지를 수시로 옮기는 좀 별난 친구. 적게는 몇 달에서부터 많게는 일 년 이상을 제주도에서, 통영에서, 지리산에서, 속초에서 보내곤 한다. 특산물을 소포로 받았을 때에야 그의 새로운 주소지가 확인된다. 잠시 본가로 돌아왔을 때, 이제 이주는 끝났구나 생각했다. 하지만 그가 돌아온 것은 손녀의 출생 때문이었다. 현실이 발목을 잡았지만 그는 여전히 자발적 유목민을 꿈꾼다.

집필 공간을 테이크아웃하는 작가도 있다. 벽촌의 오래된 집이나 소도시의 허름한 호텔에서 가져간 노트북을 펼 때, 고향집에 돌아온 듯 그렇게 마음 편할 수 없다고 그는 말한다. 잠시나마 세상으로부터 자신을 고립시키는 것은 글에 집중하도록 스스로를 외로움에 빠뜨리는 일이다. 안부가 궁금해 그를 수소문하면 흙내 나는 기별을 뒤늦게야 전해 듣는다. 그가 내게 얼굴을 내밀 때면 쌓였던 원고청탁서의 압박에서 해방된 밝은 표정을 본다. 나는 그를 창작의 블루 존을 찾아가는 여행자라 부른다.

호출 벨의 신호를 기다리는 대형 마트의 음식 매장에 앉은 사람들. 부저가 울리면 주문한 음식을 바로 매장 테이블로 테이크아웃한다. 식사하는 장소가 따로 마련되어 있기 때문이다. 일생 동안 앉은자리에서 밥상을 받기만 했던 아버님이 보셨다면 상것들이나 하는 행동이라며 혀를 차셨을 것이다. 같은 매장 안에서도 아웃과 인이 구분되는 경우도 있다. 식사를 마치고 앉은 커피 매장은 기껏 차단봉에 늘어뜨린 벨트 하나로 안과 밖을 구분 짓는다.

변화의 속도가 빠른 디지털 시대는 혁명적이다. 삶의 형태도 관습도 변하고 있다. 놀이와 일이 즐겁게 결합되고 그 경계마저 모호하다. 무엇이 변화를 이끄는가. 디지털의 결합과 융합이 삶의 방식을 바꾸고 있는 것인가. 휴대폰에 TV를 테이크아웃하고, 캠코더, 녹화, 음악, 영상을 손안에 테이크아웃한다. 휴대폰은 각각의 영역을 무너뜨린 복합기기다. 이제 그것이 없다는 것은, 뇌를 잃어버린 듯 멍멍해진다는 말과도 같다.

아날로그에 의존하던 고정시설의 의미가 퇴색되어 사무실도 테이크아웃한다. 휴대폰과 노트북만 있으면 어디서든 일할 수 있다. 그러나 다 좋을 수는 없다. 하루 일과의 기준이 뒤죽박죽이어서 밤낮을 가리지 않고 일거리가 메시지로 쏟아질 때는 짜증이다. 도시의 수많은 사무실이 비워지고, 삶의 근거지를 수시로 바꾸어야 한다. 원하는 장소에서 식사하고, 제도를 벗어난 홀가분한 삶을 추구하려는 개인주의와 각자도생을 상상해 본다. 무형식의 형식들이 기존 제도와 질서를 추월하거나 파괴하는 혼란한 현실이 어지럼증을 낳는다.

사람의 꿈과 능력을 테이크아웃하는 일보다 더 중요한 것이 있을까. '아프니까 청춘'이라는 말은 더 이상 위로가 되지 않는다. 자유로운 세상에 절대 자유롭지 못한 오늘의 청춘들이다. 무한히 다름을 인정하고, 싱싱한 꿈을 테이크아웃해 주는 사회는 건강하다. 그들의 실패를 격려로 보듬는 근사한 어른들이 필요한 세상이다. 나이가 많다는 이유로 오랜 경험과 노하우를 가진 노인이 천대받는 사회는 슬프다.

묻혀 있는 이들의 전문성을 테이크아웃하지 못하는 단절된 세상은 불행하다. '죽은 시인의 사회'의 존 키팅 선생처럼 진부함을 버리라고 가르치는 시대의 돈키호테는 없는 것일까. 죽은 듯 숨겨진 재능을 꽃피울 때, 세상은 살아 있는 사회로 거듭나지 않을까.

인류의 역사는 이주(移住)의 역사였다. 정착인의 삶에서 유목민으로, 그리고 또 다른 정착지로 움직이는 것은 어제오늘의 일은 아니다. 삶의 방식이나 주어진 환경에 따라 집도, 일도, 먹는 것도, 테이크아웃하거나 테이크인하게 된다. 안과 밖, 행복과 불행, 즐거움과 고통의 경계가 때론 애매하지만, 이 또한 한 세계 속에 존재하는 지극히 보편적인 삶의 유동일 뿐이다.

세상을 보는 두 개의 창

바깥이 안을 키운다

펴낸날 초판 1쇄 2022년 12월 30일

지은이 최장순
펴낸이 서용순
펴낸곳 이지출판

출판등록 1997년 9월 10일
등록번호 제300-2005-156호
주소 03131 서울시 종로구 율곡로6길 36 월드오피스텔 903호
대표전화 02-743-7661 팩스 02-743-7621
이메일 easy7661@naver.com
디자인 김민정
인쇄 ICAN
물류 (주)비앤북스

ⓒ 2022 최장순

값 15,000원

ISBN 979-11-5555-186-8 (03810)

※ 잘못 만들어진 책은 교환해 드립니다.

세상을 보는 두 개의 창

바깥에 안을 키운다